民國歷史與文化研究

七 編

第 **4** 冊

杜亞泉與中國近代科學教育（上）

閻乃勝 著

花木蘭文化事業有限公司

國家圖書館出版品預行編目資料

杜亞泉與中國近代科學教育（上）／閻乃勝 著—初版—新
北市：花木蘭文化事業有限公司，2018〔民 107〕
序 8+ 目 2+144 面；19×26 公分
（民國歷史與文化研究 七編；第 4 冊）
ISBN 978-986-485-257-4（精裝）
1. 杜亞泉 2. 教育哲學 3. 科學教育 4. 中國
628.08   107001277

ISBN-978-986-485-257-4

民國歷史與文化研究
七 編 第四冊   ISBN：978-986-485-257-4

杜亞泉與中國近代科學教育（上）

作　　者　閻乃勝
總 編 輯　杜潔祥
副總編輯　楊嘉樂
編　　輯　許郁翎、王　筑　美術編輯　陳逸婷
出　　版　花木蘭文化事業有限公司
發 行 人　高小娟
聯絡地址　235 新北市中和區中安街七二號十三樓
　　　　　電話：02-2923-1455／傳真：02-2923-1452
網　　址　http://www.huamulan.tw 信箱 hml 810518@gmail.com
印　　刷　普羅文化出版廣告事業
初　　版　2018 年 3 月
全書字數　247562 字
定　　價　七編 8 冊（精裝）台幣 15,000 元

杜亞泉與中國近代科學教育(上)

閻乃勝　著

作者簡介

閻乃勝（1971～），漢族，男，山東省定陶區人，淮北師範大學教育學院特殊教育系系主任，副教授，碩士研究生導師。2011 年 6 月畢業於華東師範大學教育學系（中國教育史專業），獲教育學博士學位，主要研究方向爲中國教育思想史。主持全國教育科學規劃和省部級以上科學研究項目多項，在《自然辯證法研究》、《教師教育研究》、《教育發展研究》、《現代大學教育》以及《河北師範大學學報》（教育科學版）等專業核心期刊發表學術論文數十篇。

提　　要

　　本研究採用文獻分析、縱橫比較和人物訪談等方法，以中國近代科學教育的核心要素——科學教育價值觀、科學教育目的論、科學教育內容論、科學傳播爲切入點，全面、系統、深刻探討「中國科學界的先驅」杜亞泉的科學教育思想和實踐與這些核心要素之間的關係。同時將杜亞泉的科學教育思想和實踐置於整個中國近代科學教育的發展進程中，加以深沉、理智、索隱求賾地剖析，揭櫫其個性特質，使其「局部」特徵在中國近代科學教育史的「整體」中顯現出來，以眞實地展現杜亞泉在中國近代科學教育史上的角色地位和貢獻影響以及當代價值。具體內容爲：

　　從歷史背景和思想淵源兩個層面來探究影響杜亞泉科學教育觀生成與演變的因素，釐清其科學教育觀的嬗變軌跡；從近代國人論科學教育的社會救亡和思想啓蒙價值的維度來評析杜亞泉的科學教育價值觀；從近代國民改造論的維度來評析杜亞泉的科學教育目的論；從近代國人論科學知識傳授、科學方法訓練、科學精神培育的維度來評析杜亞泉的科學教育內容論；從中國近代科學傳播史的維度來評析杜亞泉的科學傳播實踐；總覽省思杜亞泉對中國近代科學教育的歷史貢獻及其當代價值，深入發掘其對推進當前我國科學教育事業發展有現實啓迪和借鑒意義的學思資源。

本書受安徽省高校管理大數據研究中心資助
2016 年度招標課題「大學生核心素養與
深度學習力提升研究」的階段性成果

序　一

　　近代中國，中華民族命運多舛。「救亡圖存」的時代主旋律誘發一批負有愛國憂患意識的知識分子在探尋救國救民之路時，將目光投向了「科學救國」，倡導向西方學習，引介、傳播西方近代科學技術，開展科學教育。綜觀國人學習西方科學的進程，大致經歷了從「技」──「學」──「道」的觀念轉變。誠如梁啓超所說：從鴉片戰爭開始，國人先是「從器物上感覺不足」；甲午戰爭後，便「從制度上感覺不足」；鑒於其後政治變革的最終慘敗，於是從「文化上感覺不足」，開始意識到「社會文化是整套的，要拿舊心理運用新制度，決計不可能，漸漸要求全人格的覺悟。」從一定意義上說，西方近代科學技術在中國被傳播、解讀、接納和落戶，貫穿整個中國近代史的全過程。

　　在近代中國科學教育的發展進程中，曾任《東方雜誌》主編的杜亞泉（1911～1920 年執筆政），一生致力於科學教育，爲中國近代科學教育的發展作出了卓越貢獻。但是長期以來，他一直被主流意識視爲「文化保守主義者」，甚至是「完全的封建衛道士的代表」，致使對杜亞泉的研究一直被邊緣化。直到上世紀 90 年代初，隨著人們對近代思想文化史的檢省，他在科學教育史上的貢獻才受到關注。尤其是王元化先生的《杜亞泉與東西方文化問題論戰》等論文發表以後，早逝的杜亞泉才重新恢復了在近代科技史和教育史中應有的位置。王元化先生曾指出：「現在是應該對他作心平氣和的再認識再估價的時候了。把杜亞泉看作是一位反對革新的落伍者，這種誤解要歸之於長期以來近代中國歷史上發生的急驟變化。近代歷史上的每次改革都以失敗告終。百餘年來不斷更迭的改革運動，很容易使人認爲每次改革失敗的原

因，都在於不夠徹底，因而普遍形成了一種越徹底越好的急躁心態。在這樣的氣候下，杜亞泉就顯得過於穩健、過於持重、過於保守了。可是至今人們還是不能理解他那漸進溫和的態度。」1993 年 11 月 17 日，在浙江省上虞市政府的支持下，上海市歷史學會在他的故鄉浙江省上虞市舉行了全國紀念杜亞泉先生誕辰 120 週年暨學術思想研討會，共議杜亞泉科學文化思想的歷史意蘊和當代價值，隨後紹興市發行了《越中名賢——杜亞泉》的紀念封。作為我國近代成就卓著的科學教育家、先驅者之一，杜亞泉得到了高度評價和莊重紀念，一個被塵封了半個多世紀的歷史故人終於重見天日。新時期關於這位在中國近代科學教育史上具有深邃歷史洞見和思想智慧的先驅者的研究悄然興起。

杜亞泉在中國近代科學教育史上的地位，需要我們抱著客觀公允的態度，對其作出科學理性的分析和全面系統的總結：在中國近代科學教育的發展進程中，杜亞泉與中國近代科學教育之間究竟是什麼關係——扮演了什麼角色，作出了哪些貢獻，產生了哪些影響，具有哪些值得當前我國科學教育可資借鑒的經驗與教益，等等。研究「杜亞泉與中國近代科學教育」具有理論學術意義和現實應用價值。

閻乃勝博士所著《杜亞泉與中國近代科學教育》採用文獻分析、縱橫比較和人物訪談等研究方法，著力在以下幾個方面做了深入探討：

1、深刻分析杜亞泉科學教育觀產生的歷史背景和思想淵源。

本書結合杜亞泉自身的治學經歷，將杜亞泉科學教育實踐置於當時國際國內科學教育勃興的歷史情勢下來洞察杜亞泉對時局的反應和態度，力求深刻揭櫫其科學教育思想發生演變的真正動因。

2、以中國近代科學教育的核心要素為切入點，集中探討杜亞泉的科學教育思想與實踐與這些要素之間的關係，從兩者之間關係的視角，多層次多方位總結杜亞泉在中國近代科學教育史上的角色地位和貢獻影響。

首先，本書著力從科學教育價值觀、科學教育目的論、科學教育內容論、科學傳播四個方面集中探討杜亞泉與中國近代科學教育之間的關係。這些問題既是反映中國近代科學教育本質內涵的核心要素，又是杜亞泉所最為關注和深刻論述的內容。

其次，進行縱橫比較。分別選取洋務派、嚴復、任鴻雋和新文化運動激進派在科學價值觀、科學教育目的論、科學教育內容論、科學傳播上的認識

與之進行比較；又將杜亞泉的科學傳播放置商務印書館的草創期和中國科技出版史的發展期中加以考察，選取其前的丁韙良、傅蘭雅和其後的一些科技期刊、與之同期的中國科學社所主辦的《科學》等期刊進行比較。通過這樣的縱橫比較，透視出杜亞泉的科學教育思想與實踐與他們之間的「共相」和「殊相」，尤其是「殊相」，從而揭示杜亞泉的科學教育思想和實踐的重要特徵。

3、深入思考杜亞泉對中國近代科學教育的歷史貢獻及其當代價值。

在歷史語境下系統分析杜亞泉科學教育思想與實踐的歷史貢獻；聯繫當前我國科學教育發展所面臨的新形勢和遇到的新問題，從杜亞泉的科學教育思想與實踐中尋求有益借鑒：以科學教育為抓手，助推國家興盛；全方位提高國民的科學素養；推進「科學的中國化」，培養「科學的中國人」；科學普及需要貼近民生，反映民意。

本書是迄今為止國內第一部從科學教育角度進行杜亞泉研究的學術專著，實現了該領域的學術突破和創新。對此，我深感欣喜，樂為序。

金林祥

2017 丁酉年中秋於上海

序 二

　　杜亞泉（1873～1933），原名煒孫，字秋帆，號亞泉，浙江紹興人，我國近代科學界的先驅，百科全書式的啓蒙學者。

　　杜亞泉自有好學敏悟，對中國傳統文化有深厚基礎。年 16 歲中秀才。1895 年，有感於甲午戰敗之辱，毅然棄仕途而嚮往科學救國之路。他從數學入門，而後兼習物理、化學、生物及日語等。蔡元培說他「雖無師，能自覓門徑，得理化學之要領。」這自學的「門徑」如何覓得？我想可借一句話簡單概括之，即《中庸》說的「博學之，審問之，明辨之，篤行之。」故他雖從小受封建科舉教育，但其治學方法很快就避免了教條、僵化的弊病，而具有獨立思考的精神、縝密思辨的習慣和求是精進的品質，也反映了他學習方法、思維方法的科學性。這是他在學術上所以能時有創見、與時俱進的主要原因。

　　杜亞泉認為要使國家富強、社會進步，必先有賴於發展科技、繁榮經濟和興辦教育、啓發民智。為此他一生致力於科學教育事業，並做出了巨大貢獻。他是通過創辦雜誌、編寫教材和學術著作及興辦教育三個方面來實現這一理想的。

　　早在 1898 年，他 25 歲，即應蔡元培之聘任紹興中西學堂數理教員。1900 年，他獨自往上海開設亞泉學館，招收學生，創辦《亞泉雜誌》，傳播數學、物理、化學、博物，兼及天文、地理等科學知識。次年改為普通學書室和《普通學報》，並擴大了傳播的知識面，這在封閉落後的舊中國是開風氣之先的，為西方科學知識在我國的傳播起了極大的推動作用。1904 年普通學書室併入商務印書館，杜任理化博物部主任，後又兼任《東方雜誌》主編。當

時西方許多先進的自然科學和社會科學知識大都能通過雜誌及時介紹給社會，對啓發民智、促進社會文化建樹，具有積極而深遠的影響。

他在商務印書館任職 28 年，對我國早期科學教科書及參考資料的編寫，功業卓著，內容涵蓋數學、物理、化學、動物、植物、礦物、生理學、心理學、哲學及工藝等各個方面；顧及小學、中學、師範、專科及高等學校各個層次。據後來擔任商務印書館總編輯的王雲五介紹：杜亞泉「編著關於自然科學的書百數十種」，其中有相當數量是教科書，商務印書館「初期所出理化教科書及科學書籍，大半出於先生手筆」（《小學自然科詞書‧序》）。其中他主編的《植物學大辭典》和《動物學大辭典》，尤爲科學界空前巨著，至今未有能替代者。這些著作的出版，對我國 20 世紀前半期科學的發展起過極大的推動作用。

編輯之外，杜亞泉最熱心的是興辦教育培養人才。他深惡當時學校學制雖改而培養目標未改，學校依然是「進身官吏的階梯」，故編輯之餘總是念念不忘科學教育事業。繼 1900 年辦亞泉學館和普通學書室後，1902 年應邀任浙江南潯潯溪公學校長，1903 年又與紹興文化教育界人士創辦越郡公學。在任紹興七邑同鄉會議長期間，還辦了三所小學，又爲蔡元培辦的愛國女校義務講課。1924 年，爲實現辦學理想，終於在上海傾平生積蓄創辦了新中華書院。他鼓勵學生畢業後要深入農村從事教育及農村合作事業，或發展科技從事工商事業，服務社會。終因經費不支，未三年而停辦。他爲普及科學培養人才，眞可謂嘔心瀝血，不遺餘力。甚至到 1932 年「一‧二八」事變後避難鄉間，在生命的最後兩年中，他還念念不忘小學教師講授自然學科的困難，決心爲他們編一部《小學自然科詞書》。同時，每周還赴城爲嵇山中學義務講授科學知識和抗戰形勢，直到 1933 年秋冬臥病不起。這年 6 月，他曾赴龍山詩巢雅集，有和友人詩末兩句云：「鞠躬盡瘁尋常事，動植猶然而況人」，這也可說是他一生爲人的寫照。

值得重視的是，杜亞泉長期在商務供職，有機會博覽群書和各種中外報刊信息，他對西洋文化、科學的發展亦了然於胸。特別是第一次世界大戰的慘烈和對戰爭的起因與結局的分析，使他對科學的本質開始從淺層的理解逐漸有了獨到而深刻的見解。他認爲科學只是一種形而下的文明，好比我們現在所說的一把「雙刃劍」，必須要有一種能夠把控它的思想精神，否則科學能造福人類，也會給人類帶來災難。杜亞泉以一種極其冷靜而理性的態度對科

學的本質進行深入的剖析，與我們今天對科學本質的闡述非常契合。此外值得重視的是，杜亞泉看似十分冷峻理智，但內心卻具有很深的人文關懷。他總是把科學教育事業跟社會民生、人類命運聯繫在一起。這也是他始終堅持以理智支配欲望，堅持以中正和平爲核心價值的東方傳統文化與以科學見長的西方文化調和融會的主要原因。

杜亞泉先生的思想和實踐是一座富礦，近 20 多年來不少學者從科學、教育、文化、政治、經濟、哲學等各方面對它進行了挖掘、探討，但有系統的論述還不多。閻乃勝博士對杜亞泉先生的思想，特別是科學教育思想，有長期而深入的研究。如何全面、深入、系統地再現中國近代科學教育史上的杜亞泉，他在所著的《杜亞泉與中國近代科學教育》給我們展開了一副宏偉的圖景。全書從以下 7 個方面做了闡釋：從歷史背景和思想淵源兩個層面來探究影響杜亞泉科學教育觀生成與演變的因素，釐清其科學教育觀的嬗變軌跡；從近代國人論科學教育的社會救亡和思想啓蒙價值的維度來評析杜亞泉的科學教育價值觀；從近代國民改造論的維度來評析杜亞泉的科學教育目的論；從近代國人論科學知識傳授、科學方法訓練、科學精神培育的維度來評析杜亞泉的科學教育內容論；從中國近代科學傳播史的維度來評析杜亞泉的科學傳播實踐；綜述評析杜亞泉在中國近代科學教育的歷史貢獻；聯繫實際，深入發掘其對推進當前我國科學教育事業發展有現實啓迪和借鑒意義的學術思想資源。

全書視野開闊，思路清晰，結構嚴謹，邏輯縝密，內容翔實，觀點鮮明。文末另附有作者近幾年來對杜亞泉有關科學教育思想研究的數篇論文，可使讀者對此有更深入的瞭解，值得研讀。深信此書的面世，對我國現代化建設會有不容忽視的啓迪意義。

是爲序。

施亞西

2017 丁酉年中秋於上海

目

次

上 冊

序一　金林祥

序二　施亞西

緒　論 ………………………………………………………………… 1

第一章　杜亞泉科學教育觀產生的歷史背景和思想淵源 29

　第一節　杜亞泉的生平及其科學教育活動 ……………… 29

　第二節　杜亞泉科學教育觀產生的歷史背景 ………… 43

　第三節　杜亞泉科學教育觀的思想淵源 ………………… 49

第二章　杜亞泉與中國近代科學教育價值觀 55

　第一節　杜亞泉與中國近代科學救國論 ………………… 55

　第二節　杜亞泉與中國近代科學教育啓蒙論 ………… 64

第三章　杜亞泉與中國近代科學教育目的論 75

　第一節　杜亞泉與中國近代「理性國民塑造」論 … 75

　第二節　培育「科學的勞動家」 ………………………… 80

第四章　杜亞泉與中國近代科學教育內容論 ……… 89

第一節　杜亞泉與中國近代科學知識傳授 ……… 90

第二節　杜亞泉與中國近代科學方法訓練 ……… 98

第三節　杜亞泉與中國近代理性科學精神的培育 · 101

第五章　杜亞泉與中國近代科學傳播 ……………… 111

第一節　「救國人知識之饑荒」 ………………… 112

第二節　杜亞泉與中國近代中西科學融通——以
　　　　《植物學大辭典》和《辭源》爲例 ……… 128

第三節　杜亞泉與近代「科學的中國化」——以
　　　　《自然界》的辦刊宗旨和對化學用語的
　　　　「劃一」爲例 ……………………………… 131

第六章　杜亞泉與中國近代科學教育總評：貢獻
　　　　與啟示 ……………………………………… 137

第一節　杜亞泉對中國近代科學教育的歷史貢獻 · 137

第二節　杜亞泉科學教育思想與實踐的現實啟示 · 141

下　冊

附錄一：杜亞泉生平活動年表 …………………… 145

附錄二：參考文獻 …………………………………… 153

附錄三：近年來本書作者有關杜亞泉研究的學術
　　　　論文 ………………………………………… 167

壹、「杜亞泉與中國近代科學教育」研究述評 …… 169

貳、從批判文化激進主義看杜亞泉的科學啓蒙觀 · 187

參、杜亞泉科學教育研究綜述 ……………………… 199

肆、論杜亞泉的科學觀 ……………………………… 211

伍、作時代主人：回望杜亞泉「科學的勞動家」 · 223

陸、論杜亞泉的教育改革觀 ………………………… 233

柒、論杜亞泉的教育哲學觀 ………………………… 243

捌、論杜亞泉的科學教育觀 ………………………… 253

玖、論杜亞泉的科技應用觀 ………………………… 265

拾、構建核心價值體系：回望杜亞泉的精神濟世
　　觀 ……………………………………………… 273

後　記 …………………………………………………… 289

緒　論

一、選題緣起與意義

（一）選題緣起

近代中國，中華民族命運多舛。「救亡圖存」的時代主旋律誘發一批負有愛國憂患意識的知識分子在探尋救國救民之路時，將目光投向了「科學救國」，倡導向西方學習，引介、傳播西方近代科學技術，開展科學教育。綜觀國人學習西方科學的進程，大致經歷了從「技」──「學」──「道」的觀念轉變。誠如梁啓超所指出的，從鴉片戰爭開始，國人先是「從器物上感覺不足」；甲午戰爭後，便「從制度上感覺不足」；鑒於其後政治變革的最終慘敗，於是從「文化上感覺不足」，開始意識到「社會文化是整套的，要拿舊心理運用新制度，決計不可能，漸漸要求全人格的覺悟。」〔註1〕從一定意義上說，西方近代科學技術在中國被傳播、解讀、接納和落戶貫穿整個中國近代史的全過程。

在近代科學教育的發展進程中，尤其是在中西文化相互激盪的「五‧四」新文化運動時期，有一個人曾經因與以陳獨秀爲代表的激進派開展關於中西文化問題論戰，而長期以來一直被主流意識視爲「文化保守主義者」，甚至是「完全的封建衛道士的代表」〔註2〕，同時其一生致力於科學教育，在一定意

〔註1〕　梁啓超：《五十年中國進化概論》，《梁啓超史學論著四種》，長沙：嶽麓書社，1985年，第7～8頁。

〔註2〕　陳崧：《五四前後東西文化問題論戰文選》，北京：中國社會科學出版社，1989年，第1頁。

義上爲中國近代科學教育的發展作出了卓越貢獻。一面是「新文化運動的落伍者」，一面是「科學教育的推進者」，這個人就是原《東方雜誌》主編杜亞泉（1911～1920 年執筆政）。有鑑於此，有人對其「兩面性」給出了一個獨有的稱謂：「杜亞泉現象」，試圖找出其思想文化與科學教育之間矛盾對立統一的原因。龔育之指出：「爲什麼一個介紹自然科學知識的先驅者竟會成爲以民主和科學爲中心口號的新文化運動的對立面？作爲科學的倡導者，他只停留在介紹知識的淺層次上。在更深層次的文化觀念上，他卻努力捍衛舊中國的固有文化。」〔註 3〕任元彪認爲，「科學啓蒙者與啓蒙運動批判者這兩種完全相反的角色同集於杜亞泉一人之身，但科學啓蒙者與啓蒙運動批判者這兩個看起來相互矛盾、不能共存的角色在杜亞泉那裡其實是內在統一的。作爲啓蒙運動的批判者，杜亞泉所批判的不是科學而是以陳獨秀等人爲代表的科學觀，不是啓蒙而是五四新文化運動的激進做法；作爲激進主義的批判者，杜亞泉反對的不是批判傳統文化而是不加分析地全部整體消滅傳統文化和新文化運動中只搞舊文化破壞不搞新文化建設」〔註 4〕；「由於沒有完成觀念的變革，科學方法和整個思維方式的變革便更不可能，杜亞泉甚至連起碼的實證方法和經驗原則就沒有掌握，缺乏對科學的真正理解，才導致了他與新文化運動抗爭的奇特現象。」〔註 5〕

其實，世人這樣評價杜亞泉在科學教育領域的地位與貢獻：「在中國科技發達史中，先生應該有一個重要的地位；中國科學界的先驅；功業彪炳的前輩」〔註 6〕、「徐壽先生之後，19 世紀末 20 世紀初，杜亞泉先生要算是成績卓著的人物之一了；杜亞泉先生是十九世紀末和二十世紀初我國介紹西方科學成績卓著的人物之一，他所編譯的書刊，對於推動中國科學的發展起過一定的作用。這是歷史事實，完全可以肯定的；對於我國 20 世紀前期的科學發展，起了相當大的推動作用」〔註 7〕、「他是那個時代最清醒地智者之一，他知道沉淪中的中國最缺乏什麼，最需要什麼，並在『最缺乏』和『最需要』中完

〔註 3〕 龔育之：《杜亞泉現象》，《自然辯證法在中國》，北京：北京大學出版社，1996 年，第 6～10 頁。

〔註 4〕 任元彪：《面對西方科學的衝擊：杜亞泉回應方式》，《科學文化評論》，2006 年第 2 期，第 10 頁。

〔註 5〕 任元彪：《杜亞泉現象》，《科學學研究》，1991 年第 2 期，第 109～110 頁。

〔註 6〕 胡愈之：《追悼杜亞泉先生》，《東方雜誌》第 31 卷第 1 號，1934 年 1 月。

〔註 7〕 袁翰青：《自學有成的科學編譯者杜亞泉先生》，《新晚報》，1982 年 2 月 7 日，第 2 版。

成了自己的人生定位：『為國家謀文化上之建設』。……就近代中國的知識更新和觀念進化而言，其影響則尤為深遠，它不僅滿足了世紀之初興學浪潮對自然教科書的迫切需要，而且改變了整整一代人的知識結構，並進而推動新舊知識的更替和思想觀念的進化，對近代科學觀念的形成和科學精神的確立具有重大的啟蒙意義。」〔註8〕在中國近代科學教育史上，杜亞泉具有光輝的形象和崇高的地位。

　　然而，鑒於長期以來主流意識對那場東西文化問題論戰的評說秉持一元論觀點，致使對杜亞泉的研究一直被邊緣化。直到上個世紀90年代初，隨著人們對近代思想文化史的檢省，他在科學教育史上的貢獻才倍受關注。尤其是王元化先生的《杜亞泉與東西方文化問題論戰》等論文發表以後，早逝的杜亞泉才重新恢復了在近代科技史和教育史中應有的位置。「現在是應該對他作心平氣和的再認識再估價的時候了。把杜亞泉看作是一位反對革新的落伍者，這種誤解要歸之於長期以來近代中國歷史上發生的急驟變化。近代歷史上的每次改革都以失敗告終。百餘年來不斷更迭的改革運動，很容易使人認為每次改革失敗的原因，都在於不夠徹底，因而普遍形成了一種越徹底越好的急躁心態。在這樣的氣候下，杜亞泉就顯得過於穩健、過於持重、過於保守了。可是至今人們還是不能理解他那漸進溫和的態度。」〔註9〕1993年11月17日，在浙江省上虞市政府的支持下，上海市歷史學會在他的故鄉浙江省上虞市舉行了全國紀念杜亞泉先生誕辰120週年暨學術思想研討會，王元化、蔡尚思、龐樸、湯一介、樂黛雲、蘇淵雷等先生雲集白馬湖畔，共議杜亞泉科學文化思想的歷史意蘊和當代價值，隨後紹興市發行了《越中名賢——杜亞泉》的紀念封。作為我國近代成就卓著的科學教育家、先驅者之一，杜亞泉得到了高度評價和莊重紀念，「一個被塵封了半個多世紀的歷史故人終於重見天日」〔註10〕。新時期關於這位在中國近代科學教育史上具有深邃歷史洞見和思想智慧的先驅者的研究正在悄然興起。

　　杜亞泉在中國近代科學教育史上厥功甚偉，需要我們抱著客觀公允的態

〔註 8〕 周武：《為國家謀文化上之建設》，《檔案與史學》，1998年第4期，第43～46頁。

〔註 9〕 王元化：《杜亞泉與東西文化問題論戰》，《文匯報》，1993年9月21日，第2版。

〔註10〕 許紀霖：《杜亞泉與多元的五四啟蒙（代跋）》，見許紀霖、田建業編：《杜亞泉文存》，上海：上海教育出版社，2003年，第495頁。

度，對其作出科學理性的分析和全面系統的總結：在中國近代科學教育的發展進程中，杜亞泉與中國近代科學教育之間究竟是什麼關係——扮演了什麼角色，居於什麼地位，作出了哪些貢獻，產生了哪些影響，有哪些值得當前我國科學教育可資借鑒的經驗與教益，等等。研究「杜亞泉與中國近代科學教育」具有理論學術意義和現實應用價值。

（二）選題意義

1、拓展教育史人物研究領域，豐富中國近代科學教育史研究

截至目前，學界對杜亞泉作了大量細緻的研究工作，取得了豐碩的研究成果。但縱觀現有的研究成果，比較言之，學界將精力主要集中在對杜亞泉思想文化觀的探討上，眾說紛紜。

例如，有人把其當作「文化保守主義」的代表，認為他「構成了新文化運動的阻力」〔註11〕。相反，有人提出，「他不僅是啓蒙者，也是一位自由主義者」〔註12〕，「當屬 20 世紀新文化運動的重要一翼」〔註13〕；而對其科學教育思想與實踐的研究則相對薄弱。以中國學術期刊全文數據庫最新統計數字為例：當前在已發表的關於杜亞泉研究的 84 篇論文中，涉及其科學教育問題的只有 27 篇。人們較多地看到了「思想文化史」上的杜亞泉，卻漠視了「科學教育史」上的杜亞泉。事實上，杜亞泉與新青年派開展關於東西文化問題論戰僅僅是其人生的一段小插曲，自 1915 年參與論戰起，到 1920 年迫於形勢，卸任《東方雜誌》主編之職，退出論壇止，僅 5 年光景，且在此期間也從未間斷過科學編譯、傳播和育人工作。他一生絕大部份時間是在科學教育中度過的，誠如有人所指出的，「先生以治學、著書、作育人才終其一生。」〔註14〕有鑑於此，我們亟需對「科學教育史」上的杜亞泉作出更加深入的探究，為清晰呈現出一個「完整」的杜亞泉抹上濃重必要的一筆。

就目前掌握的資料來看，某些著作或者論文即使涉及到了杜亞泉的科學

〔註11〕 朱文華：《也來重新審視陳獨秀與杜亞泉的論爭》，《近代史研究》，1995 年第 5 期，第 207 頁。

〔註12〕 王元化：《杜亞泉與東西文化問題論戰》，《文匯報》，1993 年 9 月 21 日，第 2 版。

〔註13〕 高力克：《杜亞泉與東西文化論爭再評價》，《文匯報》，1994 年 1 月 2 日，第 3 版；《重評杜亞泉與陳獨秀的東西文化論戰》，《近代史研究》，1994 年第 4 期，第 161 頁。

〔註14〕 張梓生：《悼杜亞泉先生》，《新社會》第 6 卷第 2 號，1934 年 1 月 16 日。

教育思想與實踐問題，也僅僅散見在一些章節之中或者只是就某一項內容作了描述，缺乏對其整體性、系統性的把握。據查，截止目前尚未有關於杜亞泉科學教育研究的專著問世，現有論及其科學教育的研究成果僅散見在為數極少的著作之中。例如，張豈之主編的《民國學案》（第一卷，湖南教育出版社，2005 年 8 月版）第四個學案就論及了「杜亞泉學案」；張彬等著《浙江教育家與中國近代教育》（浙江大學出版社，2008 年 11 月版）的第五章第一、二節和張彬主編《浙江教育史》（浙江教育出版社，2006 年 12 月版）第九章第四節對杜亞泉的科學教育思想與實踐略有論述。

　　綜觀中國近代科學教育史，它涉及科學教育家、科學教育對象、科學教育價值、科學教育內容、科學傳播媒介及手段、教育機構及場所、科學教育的社會環境及制度保障等，呈現出連環互動、彼此鉸接的複雜狀態。「價值觀念、科學教師、體制保障是科學教育的核心三要素。」〔註 15〕依據上述論斷，結合中國近代科學教育發生發展的實際，本研究認為：中國近代科學教育的最核心的問題除了「人」——教育者和受教育者之外，還有科學教育價值觀、科學教育目的論、科學教育內容論、科學傳播等，「人」是科學教育價值觀、科學教育目的論、科學教育內容論、科學傳播的主體，分別與這四者之間發生關係，它們構成了中國近代科學教育演進史的主題。本研究將杜亞泉的科學教育思想與實踐放在整個中國近代科學教育發展的進程中，作出系

〔註15〕　霍益萍：《科學與教育：中國社會現代化的雙子星座》，見金忠明等著：《中國近代科學教育思想研究》，北京：科學普及出版社，2007 年，第 23 頁。

統考察：以近代科學教育的核心要素為切入點，集中探討杜亞泉與這些核心要素——科學教育價值觀、科學教育目的論、科學教育內容論、科學傳播等之間的關係，來凸顯他在中國近代科學教育史上的地位和貢獻，從而為拓展教育史人物研究領域，豐富中國近代科學教育史研究盡綿薄之力。

2、為當前我國科學教育的開展提供思想借鑒和理論啟示

年鑒學派倡導圍繞問題搜集資料，認為歷史學應該像其他任何科學研究一樣，起始於提出問題，落腳於解決問題。「觀古宜鑒今，無古不成今。」其問題史的研究範式為歷史研究注入了強勁活力。歷史研究不能脫離時代，必須具有時代精神特徵，因為歷史是現實的過去，現實是歷史的發展。人物教育史也應該注重應用性問題研究，更強調現實感。歷史研究重要的在於以現在的眼光，根據當前的問題來審視過去。英國歷史學家柯林伍德指出：「歷史學家所研究的過去不是一個死的過去，而是在某種意義下仍然活在現實中的過去。」〔註16〕歷史研究回顧過去是為了面向未來，為現實改革服務。教育史研究要緊密地與現實結合，以史為鑒，這才是新時期教育史發展的動力。

在以知識經濟為主要特徵的21世紀，一個國家的綜合實力越來越多地取決於科學技術的創新程度和全體國民的文化素質，一個國家的騰飛無一例外的需要插上科學教育的翅膀。換言之，科學教育牽引著中國社會現代化的進程。〔註17〕為加快全面建成小康社會，促進社會和諧，大力實施科教興國戰略是我國歷史的必然也是現實的需要。目前我國的科學教育雖然取得了一定的成就，但與發達國家相比還有相當大的差距，還遠遠不能滿足社會主義現代化建設的需要，這是一個十分嚴峻的現實問題，也是亟待解決的問題。透過歷史看現實，「通往明日的未知途徑常常是由反省昨日的冷峻燭光照亮的」〔註18〕。本研究在把握杜亞泉與中國近代科學教育核心要素之間關係的基礎上，繼而對其理論價值和歷史影響作出實事求是的評析，深刻反思杜亞泉科學教育思想的歷史貢獻和當代價值，從而為當前我國科學教育的開展尋求可資借鑒的理論指導。

〔註16〕〔英〕愛德華·霍列特·卡爾：《歷史是什麼》，關柱存譯，上海：商務印書館，1981年，第19頁。

〔註17〕霍益萍等著：《科學家與中國近代科普和科學教育》，北京：科學普及出版社，2007年，第5頁。

〔註18〕許紀霖：《智者的尊嚴：知識分子與近代文化》，上海：學林出版社，1999年，第239頁。

二、文獻綜述

　　關於杜亞泉與中國近代科學教育的研究，可以追溯到 1933 年 12 月 6 日杜亞泉辭世後，其親友和商務印書館故舊紛紛撰文悼念，20 世紀 90 年代初掀起研究熱潮至今，湧現了不少較有價值的學術成果。像蔡元培的《為杜亞泉逝世發通函》、《杜亞泉君傳》、《書杜亞泉先生遺事》（載於《新社會》第 6 卷第 2 號）、張元濟的悼念誄辭、《東方雜誌》編輯部（胡愈之撰）的《追悼杜亞泉先生》（載於《東方雜誌》第 31 卷第 1 號）、章錫琛的《杜亞泉傳略》（教育部編第一次《中國教育年鑒》「教育名人傳略」）、張梓生的《悼杜亞泉先生》（載於《新社會》第 6 卷第 2 號）、周建人（署名克士）的《憶杜亞泉先生》（載於 1934 年 2 月 2 日《申報・自由談》）最具代表性。上文大多被收錄在《一溪集：杜亞泉的生平與思想》（許紀霖、田建業主編，生活・讀書・新知三聯書店，1999 年 8 月版）中，該書彙集了杜亞泉同時代的摯友、學生和家人對杜亞泉的回憶、悼念性文字和 20 世紀 90 年代以來國人對杜亞泉思想文化觀的研究成果，其中包含學術界對杜亞泉評價所持的不同觀點和看法以及對杜亞泉生平、事蹟的考證和研究性文章；另外附有杜亞泉的學術年譜及譯作。這是一本深入研究杜亞泉學術思想背景的重要參考書目，也是目前國內較有權威的杜亞泉研究論文集萃。當前頗有影響的杜亞泉思想研究專著是《調適的智慧：杜亞泉思想研究》（高力克著，浙江人民出版社，1998 年版）；輯錄杜氏言論的著作，目前國內有三本：《杜亞泉著作兩種》（杜亞泉著、田建業編校，新星出版社，2007 年版）、《杜亞泉文選》（許紀霖、田建

業主編，華東師範大學出版社，1993 年版）、《杜亞泉文存》（許紀霖、田建業主編，上海教育出版社，2003 年版）。另外還有諸多登載於報刊上的研究性論文，等等。歸結起來，學界著力圍繞他對中國近代科學教育的貢獻，探討了其科學教育觀產生的歷史背景和思想淵源以及他與中國近代科學價值觀、科學教育目的論、科學教育內容論、科學傳播之間的關係，稱譽他爲「自然科學編譯家、科學啓蒙者、科學教育家」。現綜述於下：

（一）關於杜亞泉科學教育觀產生的歷史背景和思想淵源的研究

據《杜亞泉年譜（1873～1912）》考證，「清光緒二十四年（1898 年），25 歲，應紹興中西學堂監督蔡元培之聘，任該校數理教習。同年，參加主考官主持的算學考試，名列全郡第一名。此後，開始其置身於自然科學傳播和教育生涯。」〔註19〕直到杜氏抱病於 1933 年 12 月 6 日辭世的前幾日，依然伏案寫作爲止，杜亞泉的確爲近代科學教育事業奉獻了畢生心血，仔細算起來，共計 35 年，這對於他短短 60 歲的人生來說，可謂鞠躬盡瘁了。

1、關於杜亞泉科學教育觀產生的歷史背景的研究

對杜亞泉科學教育觀產生重大影響的歷史背景，學界認爲主要有兩件大事：一是甲午中國戰敗，二是第一次世界大戰的爆發。就其活動時限而言，杜亞泉從事科學教育活動之際，正值世界第二次科技革命發生之時。

〔註19〕陳鏡文、姚遠：《杜亞泉年譜（1873～1912）》，《西北大學學報》（自然科學版），2008 年第 5 期，第 845 頁。

（1）甲午中國戰敗

涉及杜亞泉科學教育觀產生的歷史背景的材料，應首推其本人於 1901 年 6 月發表在《亞泉雜誌》第 10 期上的《定性分析》一文的「後記」，謝振聲在《杜亞泉傳略》中作了摘引〔註 20〕：「甲午之秋，中日戰耗傳之內地，予心知我國制之不足恃，而外患之將日益亟也，戚然憂之。時方秋試將峻，見熱心科名之士，輒憂喜狂遽，置國事若妄聞知。於是探考據詞章之汩人心性，而科舉之誤人身世也。翻然改志購譯書讀之，得製造局所譯化學若干種而傾心焉，以謂天下萬物之原理在是矣。」〔註 21〕這段引文已經成為學界廣為贊同的研究杜亞泉科學教育觀形成的重要歷史背景之一。收錄在《一溪集：杜亞泉的生平與思想》中的一批大家之文也多次提到甲午之海戰中國敗北對杜亞泉學術路徑轉向的影響。現例舉於下：

蔡元培在《杜亞泉君傳》中寫道：「甲午春，肄業省垣崇文書院。秋試後仍回鄉。乙未歲試，考經解，冠闔郡。嗣又謂是學亦無裨實用，改習疇人術，由中法而西法，讀李善蘭華蘅芳二氏書。時以習代數所得，與叔山佳之習天元者相印證。」〔註 22〕

張梓生在《悼杜亞泉先生》中指出：「甲午春至杭州，肄業崇文書院，秋試後，仍回鄉。乙未歲試，學使按臨吾郡，取闔郡經解第一名。嗣以是學為無裨實用，改習疇人術。」〔註 23〕

杜耿蓀在《杜亞泉：商務印書館初創時期的自然科學編輯》中描述道：「一八九四年（甲午）戰爭這一年，第二次鄉試為售，甲午戰敗後更引起他思想上的變化，喪權辱國沖淡了他走『正途出身』的信心。同當時愛國的士大夫階層一樣，想講求實學來濟世救民了。」〔註 24〕

由陳鑑文、姚遠整理的《杜亞泉先生年譜》也突出了甲午海戰對杜亞泉心靈所產生的震撼：「此時，其思想上已產生了講求實學而強國的萌芽。」〔註 25〕

〔註 20〕　謝振聲：《杜亞泉傳略》，《中國科技史料》，1998 年第 3 期，第 8～9 頁。
〔註 21〕　杜亞泉：《定性分析》，《亞泉雜誌》第 10 期，1901 年 6 月 9 日。
〔註 22〕　蔡元培：《杜亞泉君傳》，見《杜亞泉訃告》，上海：開明書店，1934 年。
〔註 23〕　張梓生：《悼杜亞泉先生》，《新社會》第 6 卷第 2 號，1934 年 1 月 16 日。
〔註 24〕　杜耿蓀：《商務印書館初創時期的自然科學編輯》，見《紹興縣文史資料選輯》第 1 輯，1983 年 12 月。
〔註 25〕　陳鑑文、姚遠：《杜亞泉先生年譜（1873～1912）》，《西北大學學報》（自然科學版），2008 年第 5 期，第 845 頁。

由此觀之，學界的共識是：甲午海戰中國戰敗是杜亞泉油然而生依靠科學技術救亡圖存意念的重要社會條件之一。杜亞泉由此逐漸從經學的桎梏中掙脫出來，從一個傳統士人脫胎爲現代知識分子。

（2）第一次世界大戰的爆發

論及影響杜亞泉科學教育觀演變的因素，其子杜其在對其所作的回憶錄最具說服力。高力克在《調適的智慧：杜亞泉思想研究》一書中轉引這段回憶錄：「從一個科舉出身的舊知識分子到崇拜西方科學的學者，又從醉心於西方文化、推崇西方物質文明轉變到反對全盤西化，主張中西融合，提倡精神文明，這是我父親思想上的兩次重大飛躍。」〔註 26〕高力克指出：「民初以還，杜亞泉對科學技術的看法漸生轉變。杜氏主持《東方》筆政後，其社會關懷的重心，亦從科學技術轉向精神文明。……杜氏之由崇拜西方科學技術到提倡精神文明的轉變，顯然與清初變革所導引的這個文化的危機，以及歐戰所暴露的西方文明的困境有關。……歐戰爆發後，杜氏對科學技術及西方現代文明的反思愈益深入，其「科技爲本」的思想漸生轉變〔註 27〕，認爲第一次世界大戰是促使杜亞泉科學觀發生急劇轉變的現實因素。

同時，鄭師渠強調，第一次世界大戰後，世界文明進入「對話時代」。中國是東方文明古國，人們對歐戰的反應愈顯強烈。就連西方人也不得不相信自身文明的缺陷。最早指明這一點的，當屬《東方雜誌》主編杜亞泉，他在歐戰初期即連續發表了《大戰爭與中國》、《大戰爭之所感》諸文，以爲歐戰將激起國人的「愛國心」和「自覺心」，西方文化在戰爭中已盡露弊端，這絕非是吾人的偏見；因之，國人當重新審視中西文化而不能全盤照搬西方。〔註 28〕他也看到了第一次世界大戰對杜亞泉評估科學的價值產生的震撼。

同時，其他學者通過對比指出，杜亞泉對科學由起初的「樂觀」認知到後來的「審愼」態度，第一次世界大戰的爆發是分界點。至此，杜亞泉的科學理性精神日益凸顯，一個明顯的例子就是與余雲岫關於中西醫學價值的論

〔註 26〕杜其在：《回憶我的父親杜亞泉》，見許紀霖、田建業編：《一溪集：杜亞泉的生平與思想》，北京：三聯書店，1999 年，第 42 頁。
〔註 27〕高力克：《調適的智慧：杜亞泉思想研究》，杭州：浙江人民出版社，1998 年，第 60〜61 頁。
〔註 28〕鄭師渠：《論歐戰後中國社會文化思潮的變動》，《近代史研究》，1997 年第 3 期，第 209 頁。

爭。〔註29〕

　　另外，有人對杜亞泉科學教育觀的生成演變因素作了綜合性考證，認為其思想的形成取決於他所處的歷史環境（包括國際的因素和國內的因素）和個人生活背景（包括知識結構和思維品質等方面）。〔註30〕

2、關於杜亞泉科學教育觀思想淵源的研究

　　論及杜亞泉科學教育觀的思想淵源，大多數研究者的意見是：「經世致用」和國粹思潮在其思想轉變中起了重要作用。比較有代表性的是陸衛明、程瑾和歐陽正宇的論述。

　　陸衛明、程瑾認為，杜亞泉思想上的第一次轉變是在 19 世紀 90 年代早期。首先，「經世致用」思潮是他思想轉變的一個理論支撐。19 世紀以來，「經世致用」思想重新抬頭，這種思想強調社會實踐和入世的重要作用，強調致用的重要性。這時，杜亞泉因深感以前所學「無裨實用」而改學西法。從他棄中學西的緣由中可以看出「經世致用」思想對其所產生的影響；杜亞泉的第二次轉變是在一戰前後。20 世紀初期，國粹思潮在社會上形成一股較有影響的學術文化思潮，他們在文化建設道路上強調傳統與現實的聯繫，堅持繼承與創新並舉的主張，在文化價值取向上極力維護民族特性而又不反對引進西學。杜亞泉對中西文化比較的「性質之異」，而非「程度之差」，以及對中西文化調和論的觀點似乎都可從中尋得蹤跡。〔註31〕

　　歐陽正宇指出，科學和民主是新文化運動的兩面旗幟，以科學與人權並重，主張「以科學代宗教」，用科學來根治「無常識之思維」和「無理由之信仰」，一切以科學法則和科學理性為準繩。應當說，杜亞泉在這一點上比新文化運動的健將們是稍遜一疇的，他更多的是把科學作為一種工具，一種富國強民的工具，一種提高國民素質的工具，一種推動政治、經濟、文化發展的工具，而且是必須的、根本的工具。「是故吾人之天職，在實現吾人之理想生活，即以科學的手段，實現吾人經濟的目的；以力行的精神，實現吾人理性的道德。……科學上之智識技能，當利用之以生產日常須要之物，使其產出多而價廉。……至科學上之學說，如競爭論、意志論等，雖各有證據，各成

〔註29〕任元彪：《杜亞泉現象》，《科學學研究》，1991 年第 2 期，第 100～110 頁。
〔註30〕伏炎安：《杜亞泉東西文化調和觀的形成》，《周末文匯學術導刊》，2006 年第 1 期，第 100 頁。
〔註31〕陸衛明、程瑾：《論杜亞泉的中西文化觀》，《廣西社會科學》，2006 年第 6 期，第 169 頁。

系統，但皆理性中之一端，而非其全體，當視之與諸子百家相等，不可奉爲信條。」〔註32〕從某種意義上說，杜亞泉的這種科學觀是一定程度上的實用主義表現。這種表現在他把第一次世界大戰的原因歸結爲「利器殺人」後更爲明顯，「貪黠之徒，利用科學，施其兼併侵略之技。」〔註33〕但同時杜亞泉並沒因此而停止對科學傳播工作的孜孜獻身，相反他在「五·四」運動後科學編譯成績更爲顯著。這雙重矛盾的根源就是杜亞泉的科學觀。杜亞泉批評西方物質文明和新文化運動的急功近利，實際上他自己對科學也作了一種功利主義的理解。〔註34〕

　　對於「經世致用」思潮在近代的重新抬頭，吳剛有著精闢的闡釋，更能說明杜亞泉科學教育觀受其影響。「對西方近代科學的接納，我們經歷林則徐、魏源等的『師夷之長技以制夷』、洋務官僚引進科技創辦實業以『自強』和『求富』，到康梁等的進化論宣傳以求變法，再到陳獨秀試圖通過科學態度和科學精神的倡導改造國民性的願望，以及 20 世紀 30 年代科學化運動的推動，體現了一種明確的傾向，關注其經世致用的功利價值，即科學的外在價值，我們可以將其視爲科學的『工具箱』意識。……在實學的價值取向下，科學技術被作爲經世致用之學而採納，被納入實用理性的框架，被作爲一種特別支持實學的思想資源加以利用，只是這種利用主要在於功利層面。〔註35〕

　　另外，高力克認爲，杜亞泉科學教育思想具有「調適」性質，其思想淵源可以追溯到洛克式的英國自由主義和中國的中庸思想、陰陽學說、寬容精神和不可知論；杜亞泉中西交融的思想特性，既表明中國思想與英倫自由主義的親和性，也規定了中國自由主義的本土思想限度。〔註36〕

（二）關於杜亞泉與中國近代科學教育價值觀的研究

1、關於中國近代科學教育價值觀的研究

　　有學者認爲，近代國人對科學教育價值的認識是逐步深化的。維新時期

〔註32〕杜亞泉：《戰後東西文明之調和》，《東方雜誌》第 14 卷第 4 號，1917 年 4 月。
〔註33〕杜亞泉：《戰後東西文明之調和》，《東方雜誌》第 14 卷第 4 號，1917 年 4 月。
〔註34〕歐陽正宇：《杜亞泉的科學救國思想及成就》，《甘肅社會科學》，2002 年第 5 期，第 153 頁。
〔註35〕丁鋼：《全球化視野中的中國教育傳統研究》，桂林：廣西師範大學出版社，2009 年，第 164～165 頁。
〔註36〕高力克：《調適的智慧：杜亞泉思想研究》，杭州：浙江人民出版社，1998 年，第 5 頁。

的知識分子在前輩思想家認識的基礎上，對近代科學的理解已大大加深，開始超越格致之學外在表現的作用，進而把握其內含的深層「命脈」；中日甲午戰爭後，國人在反思失敗的原因時，再次把教育強國作爲一項重要政策提出；在維新變法各項政策中，教育佔了相當重要的地位。科學具有雙重價值——既有外在的實用價值，又有內在的精神價值，科學教育於國家，可以救亡圖存，促進國家的繁榮富強；於個人，則可以改善生活，使個人獲得幸福。科學教育於社會，可以轉換人們的思維方式，改變社會思想觀念；於個人，可以發達人的精神，促進個體精神的發展。〔註37〕又有學者指出，近代中國在引進科學的過程中，國人對「僅從工具價值的角度認識科學的意義」，把科學作爲一種富國強兵的工具，首先關注的是科學與技術的實用價值。從維新運動時期開始，嚴復等認識到，科學除救亡價值外，對人的思想方面也有塑造價值，到「五・四」以後，某些知識分子對科學的精神價值則深信不疑，甚至達到信仰的地步。這兩種傾向都有偏頗。〔註38〕

2、關於杜亞泉科學教育價值觀的研究

談及杜亞泉的科學教育價值觀，有人認爲杜亞泉關於科學教育價值的思想有一個漸變過程，起初篤信「科學救國」，後來主張「則吾人今後，不可不變其盲從之態度，而一審文明眞價之所在」〔註39〕，「以使西方科學與東方傳統文化結合爲最後的目標」〔註40〕。

陳鏡文、姚遠指出，《〈亞泉雜誌〉序》最能較完整地體現出杜亞泉對科學價值的認識。「但政治與藝術之關係，自其內部言之，則政治之發達，全根於理想，而理想之眞際，非藝術不能發現。自外部觀之，則藝術者固握政治之樞紐矣。航海之術興，而內治外交之政一變；軍械之學興，而兵政一變；蒸汽電力之機興，而工商之政一變；鉛印石印之法興，士風日闢，而學政亦不得不變。且政治學中之所謂進步，皆借藝術以成之。」〔註41〕這段文字反映了杜亞泉對科學技術與現代政治之間關係的認識。他將科學技術用「藝術」

〔註37〕 霍益萍等著：《科學家與中國近代科普和科學教育》，北京：科學普及出版社，2007 年，第 7 頁。

〔註38〕 金忠明等著：《中國近代科學教育思想研究》，北京：科學普及出版社，2007 年，第 23～24 頁。

〔註39〕 杜亞泉：《靜的文明與動的文明》，《東方雜誌》第 13 卷第 10 號，1916 年 10 月。

〔註40〕 胡愈之：《追悼杜亞泉先生》，《東方雜誌》第 31 卷第 1 號，1934 年 1 月。

〔註41〕 杜亞泉：《〈亞泉雜誌〉序》，《亞泉雜誌》創刊號，1900 年 11 月 29 日。

一詞表示，取其「工藝之術」之意，即「技術」之意，與現在「藝術」一詞的含義不同。他認為一個國家的政治固然很重要，但政治的發達與科學技術是息息相關的，科學技術的發展是政治發達的基礎。〔註42〕

　　同時，有學者認為，《〈亞泉雜誌〉序》是其科學救國思想的突出反映，表達了杜亞泉早期的科學觀——將科學技術歸為政治的基礎及其進步的動力，並將科學技術的進步視為中國富強的治本之策。從《〈亞泉雜誌〉序》不難看出，杜亞泉早期對於科學技術的看法基本上是正面的，他對於科學救國的前景也是樂觀的。〔註43〕

　　與此相呼應，傅麗紅、歐陽正宇均認為，《〈亞泉雜誌〉序》「可以說是最早的『科學救國論』了，這種科學決定政治、科學決定社會其他方面的觀念，是對當時『中學為體西學為用』的一種鮮明批判。」〔註44〕「更可貴的是，杜亞泉還把科學技術之普及與政治制度之革新聯繫起來，認為政治發達，必須由科技來實現，『自其內部言之，則政治之發達，全根於理想，而理想之真際，非藝術不能發現。自外部觀之，則藝術者固握政治之樞紐矣』。這顯然是對『中體西用』論的批判。」〔註45〕

　　高力克先生認為，由清末到民初，杜亞泉的科學觀經歷了顯著的變化。其早年熱心倡導科學，民初轉而對科學技術持審慎反思的態度，並主張科學技術與精神文明的調和。他指出，《〈亞泉雜誌〉序》足以顯示出杜亞泉樂觀的科學救國信念，待到主持《東方雜誌》筆政後，發表長文《精神救國論》、《命運說》，他已經將社會關懷的重心轉向精神文明，尤其是歐戰爆發後，杜亞泉對科學技術及西方現代文明的反思愈益深入，其「科技為本」的思想漸生轉變。在《〈工藝雜誌〉序》中，杜亞泉例舉了諸多西方「工藝之流毒」，敘述了其在工藝問題上的思想變化，進而檢省了工藝及西方現代工業文明的困境，改變了其早年過於信賴科學技術的觀點，而認識到：科學技術僅為工具理性的手段，現代人類若不善加利用之，則科技的進步有能給人類文明帶

〔註42〕陳鎬文、姚遠：《杜亞泉先生年譜（1873～1912）》，《西北大學學報》（自然科學版），2008年第5期，第846頁。

〔註43〕高力克：《調適的智慧：杜亞泉思想研究》，杭州：浙江人民出版社，1998年，第61頁。

〔註44〕傅麗紅：《杜亞泉：致力於科學傳播的啟蒙學人》，《今日浙江》，2006年第13期，第60頁。

〔註45〕歐陽正宇：《杜亞泉的科學救國思想及成就》，《甘肅社會科學》，2002年第5期，第153頁。

來災難性的負面影響。〔註46〕

（三）關於杜亞泉與中國近代科學教育目的論的研究

1、關於中國近代科學教育目的論的研究

科學教育目的是實施科學教育的總要求，隨著科學教育的使命而變動。它是體現科學教育方向和評估標準的一種原則性規定。從廣義上說，科學教育目的表現在對受教育者的科學態度、科學過程、科學知識、科學技能的培養上。〔註47〕即實現人的科學化，包括使受教育者掌握現代科學知識，培養其科學精神和形成科學價值觀。

綜觀中國近代科學教育目的的研究，學界考察了每一個歷史階段科學教育目的的特點，並作出了評論，認為中國近代科學教育主要傾向於科學知識的傳授，忽視了科學精神的培養。例如，有人指出：「科學教育的目的是培養人才的科學素養，包括科學知識和技能的提高，科學方法的傳授引導和科學活動能力的鍛鍊加強，從而形成綜合的科學觀，最終達到科學精神的形成。科學精神是科學教育的統領，形成科學精神是科學教育的核心要求，也只有在科學精神的統領下，科學教育才能有實效性。但是中國近代科學教育的突出問題是在教育過程中缺少科學精神。科學精神的形成不是抽象的，要在符合科學精神的科學知識傳授過程中和科學方法訓練中獲得和體現。反之，科學教育中就不具備科學精神。」〔註48〕也就是說，科學精神的缺失是中國近代科學教育的突出特徵〔註49〕。

2、關於杜亞泉科學教育目的論的研究

在論及杜亞泉科學教育目的的上，學界的共識是：杜亞泉鮮明地提出了「科學的勞動家」的概念。例如，張彬、付東升在《杜亞泉科學教育實踐及其影響》一文中所指出，杜亞泉把中國的前途寄望於新階級的生成。他預言，隨著中國科技和經濟的進步，社會將產生一個有力的新階級——「科學的勞

〔註46〕 高力克：《調適的智慧：杜亞泉思想研究》，杭州：浙江人民出版社，1998年，第58頁。

〔註47〕 劉知新：《對科學教育目的及理科課程開發的思考》，《學科教育》，1997年第3期，第7～8頁。

〔註48〕 曲鐵華：《中國近代科學精神的缺失及其啟示》，《東北師大學報》（哲學社會科學版），2005年第6期，第123頁。

〔註49〕 吳冬梅：《中國近代科學教育中科學精神缺失之原因》，《濟南大學學報》（社會科學版），2002年第3期，第82頁。

動家」，即「有科學的素養而任勞動之業務者」。他認爲只要「此等科學的勞動家，以社會在上之需要，日增月盛。國家社會間一切機會、職業，悉落於勞動家之手」，就可實現政治民主、社會發達、國家昌盛的理想。〔註50〕

另外，有學者認爲，除了「科學的勞動家」的教育目的外，杜亞泉還主張要培育科學技術與倫理道德相調和觀念的國民。第一次世界大戰後，杜亞泉曾發表《靜的文明與動的文明》、《戰後東西文明之調和》、《〈工藝雜誌〉序》諸文，呼籲國人要對科學技術持審愼反思的態度，倡導國人不僅要具備科學素養，而且要樹立科學技術與倫理道德相調和的文明。誠如他所指出的，「近年以來，吾國人之羨慕西洋文明，無所不至，自軍國大事以至日用細微，無不效法西洋，而於自國固有之文明，幾不復置意。然自歐戰發生以來，西洋諸國，日以其科學所發明之利器，戕殺其同類，悲慘劇烈之狀態，不但爲吾國歷史之所無，亦且爲世界從來所未有。吾人對於向所羨慕之西洋文明，已不勝其懷疑之意見，而吾國人之效法西洋文明者，亦不能於道德上或功業上，表示其信用於吾人。則吾人今後，不可不變其盲從之態度，而一審文明眞價之所在。」〔註51〕科學技術僅爲工具理性的手段，現代人類若不善加利用之，則科技的進步有可能給人類文明帶來災難性的負面影響。〔註52〕

（四）關於杜亞泉與中國近代科學教育內容論的研究

1、關於中國近代科學教育內容論的研究

有學者指出，從名稱來看，中國近代科學教育的內容經歷了從「理科」到「自然」，再到「常識」的演變過程。「理科」一詞最早出現在《奏定學堂章程》裏，主要是指一般的物理、化學知識；儘管1916年頒佈的《高等小學校令實行細則》中的理科內容已經擴展包含了動物、植物、自然現象、人體生理衛生等知識，但依然使用「理科」一詞；1923年《新學制小學課程綱要》頒佈，將「理科」更名爲「自然」，之後的 1932 年《小學課程標準總綱》將初級小學課程裏的社會、自然、衛生三科合稱爲「常識」。總的說來，中國近

〔註50〕 張彬、付東升：《杜亞泉科學教育實踐及其影響》，《教育史研究》，2006年第1期，第2425頁。

〔註51〕 杜亞泉：《靜的文明與動的文明》，《東方雜誌》第13卷第10號，1916年10月。

〔註52〕 高力克：《調適的智慧：杜亞泉思想研究》，杭州：浙江人民出版社，1998年，第61～65頁。

代科學教育的內容隨著時代的發展逐步得以延伸和拓展。〔註53〕

　　中國近代最有影響有關科學教育內容的論述當屬1939年6月任鴻雋發表在《教育通訊》上的《科學教育與抗戰建國》一文，將科學教育的內容分爲三種：中小學的理科教育、專門學校的應用科學教育和「一般科學常識教育」：「第一種是普通理科教程，如數學、物理、化學、生物之類，這些是基本科學常識，每個學生，無論學政治、經濟、文學、美術、史地、哲學，都應該學習的。尤其是中小學的理科課程，必須認眞教授。第二種是技術科目。這裡包括農、工、醫、水產、水利、蠶桑、交通、無線電等專門學校，以及醫院所設之護士學校等言。……其他如工、礦、農、水產等，和醫學一般，皆爲科學教育之主要內容，非但不可片刻中斷，並要隨時盡可能加以擴充。第三種是社會教育中之科學宣傳。」〔註54〕

　　同時，新興知識分子將自然科學知識納入高等學校課程之中，逐步以專業設置的方式與世界科學教育接軌。另外，中國近代大量科技期刊緊跟世界科技發展步伐，以專刊或者連載的形式及時向國人引介最新科學技術成果，像電的發明、動植物進化階段論，等等。〔註55〕

2、關於杜亞泉科學教育內容論的研究

　　人們對於杜亞泉科學教育內容的關注，主要觀點體現在兩個方面：一是認爲杜亞泉科學知識的傳授具有廣博性；二是認爲杜亞泉運用科學知識評析和指導人生。

　　對於杜亞泉傳播廣博科學知識的評述，較有代表性的就是王雲五爲《小學自然科詞書》作序中的一段話：「杜亞泉編著關於自然科學的書百數十種」和胡愈之在代表《東方雜誌》編輯部爲悼念杜亞泉所撰寫的《追悼杜亞泉先生》中所評述的：「對於自然科學的介紹，盡了當時最大的任務。」

　　在由張彬主編的《浙江教育史》中，付東升曾對杜亞泉運用科學知識評析和指導人生作了論述，認爲杜亞泉以科學素養來評析社會、關注人生，尤爲與眾不同。爲挽救國人因受進化論影響，陷入生存競爭不能自拔的局面，杜亞泉從物理學、生物學、心理學諸學科中汲取思想營養，力倡物質進化

〔註53〕霍益萍等著：《科學家與中國近代科普和科學教育》，北京：科學普及出版社，2007年，第15頁。

〔註54〕任鴻雋：《科學教育與抗戰建國》，《教育通訊》，1939年第2期。

〔註55〕教育部：《第一次中國教育年鑒·學校教育統計》，上海：開明書店，1934年，第35頁。

論；形象地利用數學等差級數規律描述中國「修齊治平」的道德觀；編撰《人生哲學》，以自然科學知識爲基礎，對學生施以科學的人生觀指導，在社會科學領域致力於科學思想的灌輸。〔註56〕

（五）關於杜亞泉與中國近代科學傳播的研究

1、關於中國近代科學傳播的研究

科學傳播，又稱科學技術的傳播，即科學技術社會運行的一種方式。是實現科學技術的信息系統以及科學共同體、政府、媒體、商業機構等與公眾之間對話的互動過程。它通過各種媒介，將人類在認識自然和改造自然的過程中所產生的科學知識、科學思想、科學方法、科學精神，在包括科學家在內的所有成員中傳播，使公眾對科學的術語和概念、科學的研究過程和方法、科學的社會影響等方面基本瞭解。〔註57〕近代科學傳播是一個複雜的工程，它涉及到諸多方面的問題：主體（由誰實施科學傳播）、場所（在哪裏進行科學傳播，即傳播地點）、內容（傳播什麼）、對象（向誰傳播）、方式（如何傳播）等等。

有學者指出，擔當我國近代科學傳播的重任由三個層次的群體構成：在和西方傳教士合作翻譯「西書」的過程中，自學成材的科學先驅、在清政府派遣的留美幼童和留歐學生中，成長起來的科技新秀、1896年開始的「留日」大潮中哺育的一批更爲年輕的懂得「西藝」的學生。「這三個層次的新人才構成了中國近代科學家的早期群體，也初步構成了中國近代科學教育及傳播事業的主體力量，他們承擔著科學世界的探索者，高校科學教育的主事者和科學普及傳播潮中的領航者角色。」〔註58〕路甬祥認爲，近代科學傳播的主體力量是在1918年後隨著中國科學社搬遷國內和大批留學生陸續學成歸國，近代科學家隊伍開始形成。〔註59〕其後，科學傳播的主體轉向科技團體，「民國時期（不含革命根據地）共有科學技術團體117個，其中1922～1929年成立的有23個，1930～1939年成立的有64個」〔註60〕。在諸多著作和論文中，

〔註56〕 張彬：《浙江教育史》，杭州：浙江教育出版社，2006年，第478～480頁。
〔註57〕 夏徵農等編：《辭海》，上海：上海辭書出版社，2009年，第1234頁。
〔註58〕 金忠明等著：《中國近代科學教育思想研究》，北京：科學普及出版社，2007年，第9頁。
〔註59〕 路甬祥：《中國近現代科學的回顧與展望》，《自然辯證法研究》，2002年第8期，第2頁。
〔註60〕 何志平：《中國科學技術團體》，上海：上海科學普及出版社，1990年，第11頁。

學界一致認爲，近代科學傳播的核心場所是學校，尤其是高等學校，此外還包括科技館、圖書館、博物館、民眾教育館等。學校在推進科學傳播方面起著引領作用。任鴻雋在 1939 年 6 月發表的《科學教育與抗戰救國》一文中，對科學傳播內容作了較爲明確的分析，「第一種是普通理科課程，第二種是技術科目，第三種是『社會教育中之科學宣傳』」〔註61〕；關於科學傳播內容的論述，有人還從清末學堂章程中作了探討，涉及了「理科」科目。關於近代科學傳播所關注的對象，樊洪業、王揚宗認爲，起初爲一批「開眼看世界的」知識分子、西學愛好者，留學生、新式學堂學生，後來在「喚起民眾」的呼籲下，科學傳播的對象從知識分子、青年學生慢慢擴展到普通民眾和兒童，逐漸下移到社會基層。〔註 62〕關於科學傳播的方式，王建輝的研究結論是最具代表性的觀點：「科學教育救國的實現形式在那個時代最好的途徑就是出版，而出版的內容莫過於期刊和圖書。」〔註63〕

2、關於杜亞泉科學傳播的研究

杜亞泉作爲中國近代著名的科學編譯家，科學傳播是其科學教育活動的主題。在《杜亞泉先生年譜（1873～1912）》中，陳鐙文、姚遠指出，杜亞泉先後自辦亞泉學館、普通學書室，先後在紹興中西學堂、浙江南潯潯溪公學、越郡公學、愛國女校、速成小學師範講習所、新中華書院執教授課，傳播科學。〔註 64〕學界著力從編纂自然科學書籍和主辦期刊兩個方面來探討杜亞泉在近代科學傳播中的表現。

（1）編纂自然科學書籍

杜亞泉所主持編纂的自然科學書籍可分爲兩大類：一類是教科書（包括內含自然科學內容的普通教科書），一類是工具書。

據王雲五在爲《小學自然科詞書》作序時稱，經杜亞泉負責編輯的教科書不下百餘種之多，其範圍從初小到高中以及師範學校；內容包括博物（動物、植物、礦物），數學、物理、化學、生理及農業。〔註65〕從教科書來看，

〔註61〕任鴻雋：《科學教育與抗戰救國》，《教育通訊》，1939 年第 2 期。

〔註62〕樊洪業等著：《西學東漸：科學在中國的傳播》，長沙：湖南科學技術出版社，2000 年，第 189 頁。

〔註63〕王建輝：《科學編輯杜亞泉》，《出版廣角》，2000 年第 6 期，第 56 頁。

〔註64〕陳鐙文、姚遠：《杜亞泉先生年譜（1873～1912）》，《西北大學學報》（自然科學版），2008 年第 5 期，第 845 頁。

〔註65〕王雲五：《小學自然科詞書》，上海：商務印書館，1934 年，第 1 頁。

李洪河、祁森林認爲，杜亞泉所編輯的《文學初階》講述的科學知識的廣度和通俗性，是當時課本所僅有的。該教材注重運用兒童身邊常見的淺近事物來做認字課文和內容，並漸次穿插各科淺近知識、倫理修身，也有激勵發憤讀書學藝以振興中國的內容。如果說商務印書館後來編的《最新國文教科書》是我國第一部較爲成熟和影響較大的教科書的話，那麼《文學初階》是在此之前的一個重要階梯。〔註66〕

杜亞泉所編著的自然科學工具書共計三部：《植物學大辭典》、《動物學大辭典》、《小學自然科詞書》。其中前兩部被譽爲「尤爲科學界空前巨著」〔註67〕，受到諸多讚譽，至今仍被我國各大圖書館所收藏和保留。蔡元培曾稱讚道：「吾國近出科學辭典，詳博無逾於此矣。」〔註68〕時任蘇州東吳大學生物系主任的美國科學家祁天賜也認爲：「自有此書之作，吾人於中西植物之名，乃得有所依據，而奉爲指南焉。」〔註69〕但學界未曾就其編纂理念作出一些分析，目前僅能從余望所撰的《探析杜亞泉的科技編輯思想與貢獻》一文中稍得一些啓示。余指出，杜亞泉的科技編輯思想以下幾點值得注意：致力於科學知識的傳播，「爲國家謀文化上之建設」、不趨時媚俗，主張西方文化的調和折中、堅持「古爲今用、洋爲中用」的原則、注意科技出版用語的規範化表達等。〔註70〕此外，從周武所撰的《爲國家謀文化上之建設——杜亞泉與商務印書館》一文中搜集到的杜亞泉在編纂《小學自然科詞書》時的自述中得到一些蛛絲馬蹟。「小學有了理科或自然科的課程，已經幾十年，而國民於自然科學的常識絕少進步。其原因不止一端，但是小學教師參考資料之短缺，和小學生補充讀物之不足，使教者和讀者都呆守著一本教科書，既感興趣的貧乏，又沒有考證和旁通的機會。在這種情況下，自然科學的常識不易進步，自係當然的結果。現在關於小學生的補充讀書，如兒童理科叢書，少年自然科學叢書等，陸續印行，爲數似尚不少，而可供小學自然科學教師用的參考書還是沒有。因此，便決定編著一部專供小學教師用的小學自

〔註66〕 李洪河：《杜亞泉科學文化教育活動探略》，《河南教育學院學報》（哲學社會科學版），2000 年第 3 期，第 51 頁。

〔註67〕 胡愈之：《追悼杜亞泉先生》，《東方雜誌》第 31 卷第 1 號，1934 年 1 月。

〔註68〕 蔡元培：《植物大辭典》序二，上海：商務印書館，1918 年，第 2 頁。

〔註69〕 祈天賜：《植物大辭典》序三，上海：商務印書館，1918 年，第 3 頁。

〔註70〕 余望：《探析杜亞泉的科技編輯思想與貢獻》，《中國科技期刊研究》，2007 年第 3 期，第 540 頁。

然科詞書，以補此憾。」〔註71〕繼而周武指出，該書收集自然科學詞匯 2000
餘條，包括自然科學、天文學、氣象學、物理學、化學、礦物學、地質學、
地文學、生物學、植物學、動物學、醫學、生理學、衛生學、工程學、農
業、森林、化工、製造、建築、攝影術、遊戲、食品等 23 類，書末附有四角
號碼索引、西文索引、分類索引。全書近 90 萬字，內容極爲豐富、實用，是
一部深入淺出的極具參考價值的小學自然科教師用書。〔註72〕

（2）主辦期刊

杜亞泉一生自辦和主編、參編的期刊有《亞泉雜誌》（自辦）、《普通學
報》（自辦）、《中外算報》（主編）、《東方雜誌》（主編）、《自然界》（指導編
輯）。

學界首先對杜亞泉自辦的《亞泉雜誌》給予了特別關注和高度評價，原
因是該刊屬於我國第一份由國人自辦的綜合性自然科學期刊。隨後對其貢獻
作了描述，從而透視出杜亞泉的辦刊理念。「亞泉雜誌，1900 年在上海出
版，杜亞泉主編，亞泉學館發行，是中國人自辦科學雜誌最早一種。」〔註73〕
「1900 年（光緒二十六年）亞泉學館出版《亞泉雜誌》，爲國人自編科學雜誌
最早一種。」〔註74〕

以謝振聲的《我國最早的化學期刊——〈亞泉雜誌〉》爲代表，學界將
《亞泉雜誌》的歷史貢獻概括爲五點：最早將化學元素週期律和原子—分子
學說介紹給國內讀者、或首次或更系統地向國人介紹世界上新發現的元素、
杜亞泉先生爲一些新發現的元素首創了中文譯名、介紹化學分析法，重視化
學實驗、介紹化學在日常生活中的應用，爲傳播普及化學知識做了不少有益
的工作。〔註75〕蘇力、姚遠提到，「除了化學譯著外，《亞泉雜誌》還發表了
一些化學講演稿，如《化學奇觀》和《論物質的融合》即屬此類。杜亞泉將

〔註71〕　謝振聲：《杜其堡先生事略》，見商務印書館編：《商務印書館館史資料》第 35
　　　　期，上海：商務印書館，1985 年，第 26 頁。
〔註72〕　周武：《爲國家謀文化上之建設——杜亞泉與商務印書館》，《檔案與史學》，
　　　　1998 年第 4 期，第 49 頁。
〔註73〕　張子高、楊根：《介紹有關中國近代化學史的一項參考資料——〈亞泉雜誌〉》，
　　　　《化學通報》，1965 年第 1 期，第 55 頁，見張靜廬編：《中國近代出版史料》
　　　　初篇卷 2《清季重要報刊目錄》，上海：上海群聯出版社，1957 年，第 21 頁。
〔註74〕　任鴻儁：《科學教育與抗戰救國》，《教育通訊》，1939 年第 2 期。
〔註75〕　謝振聲：《我國最早的化學期刊——〈亞泉雜誌〉》，《新聞與傳播研究》，1987
　　　　年第 3 期，第 197～201 頁。

西方的科學演說形式引入我國，並將其演說稿發表於科學雜誌，這無論從科學交流傳播方式的創造上，還是從科學雜誌創新稿源體裁上來看，都具有積極地意義。……另外，該刊第 10 期的《日本太陽雜誌工業摘錄》，就『日本著名之《太陽雜誌》中所輯工業世界，載近世新發明之理』，特別是就『近年雜誌中摘錄若干，以備留心工業之探摘』。這種做法，無疑是科學雜誌中科技文摘的創始。」〔註 76〕

王建輝認為，在我國科技出版的草創期，杜亞泉「為國家謀文化上之建設」的理想與張元濟「以扶助教育為己任」、「昌明教育」的宏願相契合。他將自己的中西文化融合理念融入到期刊編輯中，表現出了溫和漸進的啟蒙特色。〔註 77〕李靜指出，「杜亞泉在擔任《東方雜誌》主編期間，對雜誌進行『大改良』，將自己已經完成轉型的建立在科學認知基礎上的文化理念滲透在其編輯實踐之中，努力將《東方雜誌》打造為立足於民間的啟蒙思想傳播的文化言論空間，體現了借助一份刊物通過輿論陣地參與中國文化轉型進程的價值立場與崗位意識。這一點無疑適應了王綱解紐時代逐漸脫離了傳統士人生活方式的知識分子的精神需求，使《東方雜誌》在一段時期獲得了巨大的聲譽。」〔註 78〕

陳鏡文、姚遠、曲安京強調，從杜亞泉所編辦的《亞泉雜誌》、《普通學報》和《東方雜誌》來看，其科技傳播思想是一脈相承的。《普通學報》是《亞泉雜誌》的續刊，其內容依然偏重於理化，設 8 個欄目：包括經學科，史學科（中外歷史、地理），文學科，算學科，格物學科，博物科，外國語學科，學務雜誌。《東方雜誌》經杜亞泉「大改良」後，新增了理化，博物（植物學、動物學、礦物學），農，工等，這顯然是杜亞泉自《亞泉雜誌》和《普通學報》（包括後續的《科學世界》）以來的辦刊風格的延續。也就是說，杜亞泉大膽吸納西學並積極地傳播和應用，其科學救國主張始終貫穿在他所從事的傳播活動中。〔註 79〕

〔註 76〕 蘇力、姚遠：《中國綜合性科學期刊的嚆矢——〈亞泉雜誌〉》，《編輯學報》，2001 年第 5 期，第 260 頁。

〔註 77〕 王建輝：《科學編輯杜亞泉》，《出版廣角》，2000 年第 6 期，第 259～260 頁。

〔註 78〕 李靜：《杜亞泉與〈東方雜誌〉》，《青海社會科學》，2007 年第 4 期，第 197 頁。

〔註 79〕 陳鏡文、姚遠、曲安京：《杜亞泉主編的 3 刊及其科學傳播實踐》，《編輯學報》，2009 年第 2 期，第 76 頁。

（六）不足與尚待研究的問題

上述關於杜亞泉與中國近代科學教育的研究成果，無論從材料的梳理，還是觀點的提煉，都為我們進一步研究提供了借鑒和啓示。但從研究深度和視角來看，仍存在某些缺陷：

首先，對杜亞泉科學教育思想自身發展演變的脈絡研究乏力，需要將其放在當時整個國際國內科學教育時局發展的全景下來探討其產生的動因，勾勒出其演變的總軌跡。

其次，缺乏對杜亞泉與中國近代科學教育之間關係的全面闡釋及其科學教育思想體系的整體把握，特別是沒有揭示出其科學啓蒙的特色（與新文化運動相比較），沒有將其放在整個中國近代科學教育發展的進程中，包括商務印書館館史、中國近代科技出版史中來定位其角色。因為杜亞泉一生中的科學教育實踐絕大部份是在商務印書館中度過的，杜亞泉所從事的科學傳播事業與中國近代科技出版業也息息相關。另外，杜亞泉所從事的科學教育實踐與他人有何異同，只有經過縱橫比較，才能甄別，方能透視出其科學教育思想的特質和精髓。也就是說，以中國近代科學教育的核心要素為切入點，集中討論杜亞泉科學教育思想與實踐與這些問題的關係，使其這一「局部」特徵在中國近代科學教育史的「整體」中顯現出來。

再次，僅僅側面通過杜亞泉的科學教育實踐和世人的評價來探討其科學教育思想，尚不能真正把握這一問題的實質，尤其是杜亞泉科學教育思想的理論價值，它不僅僅體現在當時，而且還影響著後世。同時還需瞭解其歷史局限性。為此，必須將眼光放到歷史與現實的結合上，全面、辯證的加以論析。

總之，對杜亞泉科學教育思想與實踐的研究尚需深挖掘、再拓展，從「杜亞泉與中國近代科學教育」之間「關係」的視角來全面、系統闡釋其特徵，亟待深沉、理智、索隱求賾地作出探究。

三、核心概念釐定

本選題涉及到的核心概念是：中國近代科學教育。其中，所謂「中國近代」是指鴉片戰爭到新中國成立（1840～1949）這段歷史；所謂「科學教育」一詞，這裡指的是以傳播科學知識為目的的活動。包括利用報紙、雜誌、書籍等傳播媒體進行的宣傳，以闡述自然現象的發生、發展為內容的教育，即以科學的基礎知識、基本概念和基本原理為內容的教育，主要指中小學的數

學、物理、化學、哲學、地理、生物、生理衛生等教育。〔註80〕

因此，本選題所討論的「中國近代科學教育」就是指自鴉片戰爭到新中國成立時期人們對受教育者所進行的關於科學知識、方法、態度、價值觀等方面的教育。

四、研究的主要內容與主要方法

（一）主要內容

1、深刻分析杜亞泉科學教育觀產生的歷史背景和思想淵源

本研究試結合杜亞泉自身的治學經歷，將杜亞泉科學教育實踐置於當時國際國內科學教育勃興的歷史情勢下來洞察杜亞泉對時局的反應和態度，力求深刻揭櫫其科學教育思想發生演變的眞正動因。

2、以中國近代科學教育的核心要素為切入點

集中探討杜亞泉科學教育思想與實踐與這些要素之間的關係，從兩者之間關係的視角，多層次多方位總結杜亞泉在中國近代科學教育史上的角色地位和貢獻影響

首先，中國近代科學教育所涉及的問題很多，在這些問題中，必然有最主要的，也就是核心要素，在論述時，不可能面面俱到，只有抓住這些「主要矛盾」，才能把握其實質。本研究著力從科學教育價值觀、科學教育目的論、科學教育內容論、科學傳播四個方面集中探討杜亞泉與中國近代科學教育之間的關係。這些問題既是反映中國近代科學教育本質內涵的核心要素，又是杜亞泉所最為關注和深刻論述的內容。

其次，進行縱橫比較。選取洋務派、嚴復、任鴻雋和新文化運動激進派在科科學價值觀、科學教育目的論、科學教育內容論、科學傳播上的認識與之進行比較；將杜亞泉的科學傳播放置商務印書館的草創期和中國科技出版史的發展期中加以考察，選取其前的丁韙良、傅蘭雅和其後的一些科技期刊、與之同期的中國科學社所主辦的《科學》等期刊進行比較，來透視杜亞泉科學教育思想與實踐與其他同類科學教育家的「共相」和「殊相」，尤其是「殊相」，包括他的進步性和局限性，概括提煉出杜亞泉在這些方面的特徵。

〔註80〕顧明遠：《教育大辭典》增訂合編本・上冊，上海：上海教育出版社，1998年，第882頁。

3、系統思考杜亞泉科學教育思想的歷史貢獻及其當代價值

在歷史語境下客觀分析杜亞泉科學教育思想的歷史貢獻；聯繫當前我國科學教育發展所面臨的新形勢和遇到的新問題，從杜亞泉科學教育思想中尋求有益借鑒。

（二）主要方法

1、文獻法

文獻法主要指搜集、鑒別、整理文獻，並通過對文獻的研究形成對事實的科學認識的方法。文獻的收集與分析是本研究的基本方法。對於文獻的運用，本研究試圖釐清杜亞泉在中國近代科學教育史上究竟做了些什麼；在文獻處理上，本研究力求對與杜亞泉有關的民國期刊、中國商務印書館館史、中國近代科技出版史、上虞縣志、回憶錄、學者日記作出分析研究。

2、比較研究法

比較研究法主要是指依據一定的標準，對兩個或者兩個以上有聯繫的事物進行考察，尋找其異同，探求事物之間的普遍規律與特殊規律的方法。按照不同的分類標準可分爲縱向和橫向比較、求同和求異比較等。本研究在寫作過程中，將對發生於杜亞泉前後的重要科學教育活動作縱向比較，同時將與其同期的作橫向比較，旨在對杜亞泉科學教育思想與實踐作出全面深入的認識。

3、訪談法

訪談法是指通過研究者與被研究者的直接接觸、直接交談的方式來收集資料的研究方法，它是一種口頭交流式的調查方法。本研究著力訪談對杜亞泉有豐富研究的，尙健在的杜氏後裔——杜的兒媳，原華東師範大學中文系施亞西教授；杜的嫡外孫（《一溪集：杜亞泉的生平與思想》、《杜亞泉文存》、《杜亞泉文選》、《杜亞泉著作兩種》的主編之一）田建業先生，以從中瞭解一些頗有價值而鮮爲人知的有關杜亞泉科學教育活動事蹟以及他們對杜氏思想的感悟。

五、研究的重點難點和創新處

（一）研究的重點難點

目前學界對杜亞泉科學教育思想與實踐的系統研究比較薄弱，全面梳理

和理性分析杜亞泉科學教育思想的發展脈絡，深入闡述其發生的動因，尤其是從杜亞泉與中國近代科學教育之間的「關係」中發現其特質是本研究的研究重點。只有理清杜亞泉科學教育思想產生的歷史背景和思想淵源，將其放在整個中國近代科學教育的進程中，以中國近代科學教育的核心要素爲切入點，探討杜亞泉科學教育思想與實踐與這些問題之間的關係，才能對其理論價值和歷史影響作出客觀公允的評價，從而爲當前我國科學教育的開展提供思想啓示和理論借鑒。

本選題的難點是：

第一，一些原始資料的缺失與鑒別。

首先，鑒於「一‧二八」事變，杜亞泉寓所罹難於日軍炮火之中，置於他身邊的一手資料現已無法獲得，這將使本研究在資料彙集上有一些難以彌補的缺憾。

其次，目前學界對於杜亞泉科學教育活動的記述，有些材料是「就活動論活動」，較難判別出哪些是最能反映他科學教育思想與實踐眞諦的材料。

第二，對於杜亞泉科學教育的探討要達至「實質」程度上的闡釋，本人尚感到未有一個切實的「度」和可靠的「樣」。再現一個歷史人物的思想必須做到求眞、務實，「是」就是「是」，「非」就是「非」，決不可寫成「千人一面」的「通用文」。本人能否眞正把握住主人公的特色，仍有很多困難，尚需付出較大努力。

（二）研究的創新處

由上述對學術史的回顧，不難看出，現有的研究爲本研究的開展提供了較爲豐富的背景知識和研究視點，搭建了一個基礎性的理論框架。但是對於杜亞泉的科學教育思想與實踐全面、系統、深入的剖析，仍有較多空點和盲點。本研究在吸納現有成果的基礎上，力求賦予杜亞泉的科學教育思想與實踐以立體感和現實感，試圖在以下方面能有所創新：

第一，本研究將杜亞泉科學教育思想與實踐置於整個中國近代科學教育的發展進程中，從二者的互動來透視杜亞泉的個性特質。

第二，本研究緊緊抓住中國近代科學教育的核心要素——科學教育價值觀、科學教育目的論、科學教育內容論、科學傳播，以此爲切入點，深刻系統剖析杜亞與這些核心要素之間的關係，以揭示他在中國近代科學教育史上的角色地位和貢獻影響。

第三，反思杜亞泉科學教育思想與實踐的歷史貢獻，聯繫當前我國科學教育發展所面臨的問題，從中尋找新的現實啓示。

六、研究框架與思路

論文緒論　主要陳述選題緣起與意義，進行文獻綜述（學術回顧），釐定研究的核心概念，交代研究的主要內容與主要方法，研究的重點、難點與創新處以及布局謀篇構想。

正文內容　共設六章

第一章　勾勒出杜亞泉科學教育觀產生的歷史背景和思想淵源。首先對杜亞泉的生平及其科學教育活動作出梳理；繼而從歷史背景和思想淵源等維度來探究影響杜亞泉科學教育觀生成演變的因素。歷史背景分爲國際和國內兩個方面，其中國際背景包括第二次科技革命的興起及對我國科學教育的影響、第一次世界大戰後，世界「文化對話」時代的到來；國內背景包括甲午之戰中國敗北的刺激與維新變法圖強的高漲、地域文化的影響。思想淵源分爲「經世致用」思潮的重興、科學教育思潮的湧動和國粹思潮的衝擊等 3 個方面。

第二章　論析杜亞泉的科學教育價值觀。首先對近代國人的科學教育價值觀——社會救亡的工具性實用價值、思想啓蒙的精神發展價值作一概述，繼而論述杜亞泉「藝重政輕」科學救國論的深刻意蘊；其次剖析杜亞泉論科學教育的思想啓蒙意義：「改革人心」、「袪世人迷信」。

第三章　從兩個方面闡述杜亞泉的科學教育目的論，即「理性國民」和「科學的勞動家」，清晰勾勒出杜亞泉實施科學教育的具體培養目標。

第四章　從杜亞泉論科學知識傳授、科學方法運用、科學精神培育等方面描繪出其科學教育內容論。

第五章　從科學傳播（實踐）上論析杜亞泉科學教育思想在現實中的運用和體現，是對前四章內容的深化和昇華，深刻揭示杜亞泉是如何通過圖書、期刊途徑傳播科學、領航中國近代科學發展、培養打造具有核心競爭力的作者群和編輯團隊來「救國人知識之饑荒」，並以個案的形式來展現杜亞泉科學傳播觀。

第六章　杜亞泉與中國近代科學教育總評：貢獻與啓示。總覽杜亞泉對中國近代科學教育事業的歷史貢獻，將視野放在與現實的結合上，尋找杜亞泉科學教育思想與實踐對當前我國科學教育發展可資借鑒的有益資源。

此外還有 3 個附錄，其中附錄 1 是杜亞泉生平活動年表，附錄 2 是參考文獻，附錄 3 是近年來本書作者有關杜亞泉研究的學術論文。

第一章　杜亞泉科學教育觀產生的歷史背景和思想淵源

　　大凡一種思想觀念，或者一種學說主張，均不是憑空臆造的，都有一定的生成機制。只有從其產生的原因著手，才能真正瞭解其意蘊，才能為科學評判其價值和影響奠定堅實基礎。為此，我們有必要首先對杜亞泉本人及其科學教育觀產生的歷史背景和思想淵源作一宏觀瞭解。

第一節　杜亞泉的生平及其科學教育活動

一、杜亞泉的生平

　　杜亞泉（1873～1933），原名煒孫，字秋帆，1873 年（清同治十二年）9 月 4 日生於浙江省紹興府山陰縣傖塘鄉（今浙江省上虞市長塘鎮）一商賈家庭，父親杜錫三。

（一）「棄中向西」，由「傳統秀才」向「現代學者」轉型

　　杜亞泉 16 歲中秀才，後進城拜何桐侯為師，研習清初大家之文，勤奮好學，名震鄉里。「當暑夜，就庭中圍帳挑燈以讀。風雪冬日，掩北向書窗，僅留一線光以讀。忘餐忘寢，有目

為癡者。」〔註1〕鄉試未及第，棄「帖括之學」，轉而從族叔杜山佳治訓詁之學，攻讀許慎《說文》。應歲試，考經解，「冠全郡」；時值甲午，受中國戰敗的刺激和維新變法圖強思潮的影響，萌生愛國憂患意識，覺訓詁之學「亦無裨實用」，於是「翻然改志」，絕意仕進，改習數學。至此，杜亞泉走上了「棄中學向西學」之路，逐漸由傳統士人向文理兼通的現代知識分子轉型。

（二）畢生傾力於教育，成為近代頗具重要影響的科學教育家

自 1898 年應蔡元培之聘，任紹興中西學堂（今紹興一中前身）數學及理科教員起，杜亞泉便將自己的人生交付給了中國近代科學教育事業。〔註2〕後又自學理、化及動、植、礦物、日文，為其後從事自然科學編譯工作奠定了堅實基礎。1904 年起，與商務印書館共濟 28 年，長期主持博物理化部編譯所工作，主辦、編輯數份科學期刊和多種自然科學書籍，包括教科書、教師參考用書和大型工具書，成為中國近代科學教育史上成就卓著的先驅性人物之一；曾任《東方雜誌》主編 9 年，秉持「中西文化調和論」，與以陳獨秀為代表的新青年派開展關於東西文化問題論戰，一度被主流意識認為是「落伍者」。卸任主編之職後，專職從事自然科學書籍編譯工作，直至 1932 年「一・二八」事變爆發，商務印書館被毀停業，他也被迫轉回鄉里，繼續從事自然科學編譯和教育工作。

杜亞泉一生曾多次自辦或者與人合辦學校，努力培養科技實業人才。

綜觀杜亞泉的一生，從 1898 年任中西學堂教員算起，到其謝世為止，前後共計為中國近代科學教育事業奉獻了 35 個春秋，這對於享年 60 歲的他來說，真可謂鞠躬盡瘁了。

二、杜亞泉的科學教育活動事輯

就時間而論，在杜亞泉從事科學教育的 35 年中，其主要經歷是在商務印書館中度過的（28 年）。就活動內容而言，杜亞泉著力在辦學授課、主（編）辦科學（綜合性）雜誌、編著（譯）自然科學書籍、撰文等 4 方面為中國近

〔註1〕 蔡元培：《杜亞泉君傳》，見《杜亞泉訃告》，上海：開明書店，1934 年。
〔註2〕 本研究認為，杜亞泉科學教育活動始於 1898 年被蔡元培邀請，任紹興中西學堂算學教員。這一觀點已在 2009 年 11 月 19 日訪談田建業先生時，與田老達成共識。

代科學傳播事業傾注了畢生心血。

（一）辦學授課

1900 年，鑒於杜亞泉在紹興中西學堂與蔡元培一起傳播新思想而與校董會發生齟齬，辭職離校。秋赴上海，自號亞泉，創辦亞泉學館，培養科技人才，被稱爲「後來私立科技大學的濫觴」。後來得父資助，亞泉學館改爲普通學書室。

1902 年夏，浙江南潯潯溪公學發生學潮，偕蔡元培應邀前往調停，隨即膺龐清臣之聘，出任潯溪公學校長。長潯校後，銳意改革，後來學潮復起，潯校停辦。

1903 年，離滬返紹興，與文化教育界人士宗能述、王子餘、壽孝天及其叔山佳、海山創辦越郡公學於能仁寺，培養科技人才，自任理化博物教員。後因款絀而停辦。

1905 年，兼任蔡元培所辦愛國女學義務理科教員，不取薪俸。

1924 年於上海創辦新中華書院（中學），培養從事科學、實業的人才，自任教授訓導之責，提倡敦樸學風，鼓勵學生畢業後赴農村，從事教育及農村合作事業。後又因款絀而停辦。

1932 年歸故後爲稽山中學（今紹興第二中學前身）義務授課，講述自然科學、政治、經濟等知識。

由此觀之，杜亞泉一生的辦學經歷可謂相當坎坷，其科學救國的初衷值得頌揚，但在當時的時局情勢下，步履維艱，是極難成功的。不過他在授課過程中對自然科學知識的傳播之功是不容忽視的。

（二）主（編）辦科學（綜合性）雜誌

通過期刊推介科學知識，以喚起國人相信科學、熱愛科學、學習科學的熱情，促使其過「科學」的生活是杜亞泉一貫堅守踐行的科學傳播手段。由他創辦、主辦的期刊共有 4 種（見表 1：杜亞泉主辦的期刊）。

表 1：杜亞泉主辦的期刊

刊物名稱	發行（主編）時限
亞泉雜誌	第 1 期～第 10 期，1900 年 11 月～1901 年 6 月
普通學報	第 1 期～第 5 期，1901 年 9 月～1902 年 4 月
中外算報	1902 年 2 月創刊
東方雜誌	1911～1920 年任主編

《亞泉雜誌》由亞泉學館於
1900 年 11 月 29 日（光緒二十六
年農曆十月初八）在上海創刊，
半月刊，傳播科學知識，是第一
份我國國人自辦的自然科學雜
誌，內容主要是化學論文，另外
包含有數理等其他學科的知識性
文章，也是我國第一份化學專業
期刊（見表 2：《亞泉雜誌》登載
的論文數目統計）。

表 2：《亞泉雜誌》登載的論文數目統計

化　學	物　理	數　學	地震、博物等	篇數總計
23	4	5	7	39

　　杜亞泉在創刊號中首倡科學技術「固握政治之樞紐」。5 月，《亞泉雜誌》
出版第 10 期後停刊，於次年 9 月改為《普通學報》，自為之主撰，注重科學，
兼載時事及政治，為一份綜合性刊物。後因協助辦刊的胞弟不善經營，揮霍
資金，使學報經濟陷入困境，出 5 期後只好停辦。

　　1902 年 2 月，普通學書室發行《中外算報》（月刊），為本世紀初我國第
一份數學專業期刊，對當時我國數學研究和教育起過重要的推動作用。

　　1911 年春，杜亞泉兼任商務《東方雜誌》主編。該雜誌創始於 1904 年，
初僅為選報性質，彙編報刊文章及政府文稿之類，影響不大。他任主編後增
設「科學雜組」、「理想小說」等欄目傳播科學知識，從而面目一新，成為當
時國內銷量最大、最有影響的雜誌。1920 年底卸任。

（三）編著（譯）自然科學書籍

在未加盟商務印書館之前，杜亞泉就開始自然科學教科書的編輯工作了，包括內含自然科學知識的綜合性圖書。1904 年秋，應商務印書館創始人、舊友張元濟、夏粹芳之邀赴滬，入商務印書館任編譯所理化部主任，並將營業疲頓之普通學書室舉而併入商館，重新致力於科學研究編譯工作。除研究理化博物外，還涉及哲學、政治、法律、經濟、倫理、音韻、醫學等方面。自此在商務印書館服務歷 28 年之久，著、譯、編纂數百種自然科學書籍（見表 3：《杜亞泉的著作書目》、表 4：《杜亞泉的譯著書目》、表 5：《杜亞泉主編的辭典》、表 6：《杜亞泉主編的教科書》），也促使杜亞泉在中國近代科學教育的征途上一步步走向巔峰。當時商務出版的理化、博物等方面教科書，大都出於其手。

表 3：杜亞泉的著作書目：3 種

著作名稱	出版時間
文學初階	1902 年 7 月初版；1927 年 3 月重訂
人生哲學	1929 年 8 月初版；1934 年 9 月再版
博　　史	1933 年 4 月

表 4：杜亞泉的譯著書目：17 種

譯著名稱	出版時間
化學定性分析	1901 年
理化示教	1903 年 5 月
新撰植物學教科書	1903 年 6 月
最新中學植物學教科書	1903 年 6 月
高等小學最新筆算教授法（合譯）	1905 年 7 月
中學化學新教科書	1905 年 9 月
最新礦物學植物學教科書	1906 年 6 月
中學物理學新教科書	1907 年 2 月
中學植物學教科書（合譯）	1907 年 3 月

中學生理學教科書（合譯）	1907 年 5 月
生理衛生新教科書（合譯）	1907 年 6 月
初等礦物學教科書（合譯）	1907 年 9 月
博物學教授指南	1908 年 7 月
蓋氏對數表（合譯）	1909 年初版；1933 年 4 版；1951 年再版
實驗植物學教科書	1911 年 2 月
食物與衛生	1924 年 4 月初版；1925 年 12 月 3 版
動物學精義（合譯）	1933 年初版；1958 年 3 月再版

表 5：杜亞泉主編的辭典：3 種

辭典名稱	出版時間
植物學大辭典	1918 年 2 月月初版；1933 年 6 月縮印本初版；1934 年再版
動物學大辭典	1923 年 10 月初版；1927 年 2 月 4 版；1933 年 6 月縮印本初版
小學自然科詞書	1934 年 3 月初版；1934 年 4 月再版

表 6：杜亞泉主編的教科書：39 種

教科書名稱	出版時間
普通新歷史	1902 年初版；1917 年 28 版
最新筆算教科書	1902 年
最新格致教科書	1902 年
普通礦物學	1903 年 5 月
普通植物學教科書	1903 年 9 月
最新筆算教科書教授法（合編）	1904 年
中學生理學	1905 年
最新中學礦物學教科書	1906 年初版；1913 年 11 版
最新理科教科書（參訂）	1906 年
簡易格致課本	1906 年
初等小學格致教科書	1906 年

初等小學格致教科書教授法	1906 年 11 月
格致課本	1907 年 3 月
格致課本教授法	1907 年 8 月
實驗化學教科書（合編）	1910 年以前
師範學堂生理衛生學	1910 年以前
高等小學農業教科書（合編）	1910 年以前
初級師範學校動物學教科書	1910 年
（訂正）中外度量衡幣比較表（合編）	1910 年初版；1924 年 7 版
博物學初步講義（合編）	1912 年初版；1919 年 6 版
高等小學新理科（合編）	1912 年
高等小學新理科教授法（合編）	1912 年
動物學講義（合編）	1912 年 12 月
礦物學講義	1912 年 12 月
高等小學新理科（秋季用）	1913 年
植物學	1913 年 10 月
礦物學	1914 年 1 月
生理學（合編）	1914 年 8 月
新編植物學教科書	1915 年 3 月
化學工藝寶鑒	1917 年初版；1929 年 9 版；1932 年再版
新法後期小學理科教科書（合編）	1920 年
中等學校有機化學教科書	1919 年至 1924 年間
中學動物學教科書	1927 年以前
新學制初中自然科學教科書	1923 年
新學制新撰高小自然科教科書	1923 年
高等植物分類學	1933 年初版；1934 年 3 版；1933 年再版；1939 年再版
下等植物分類學	1933 年初版；1940 年 3 版；1933 年再版；1939 年再版
小學自然科教學法	1933 年
小學自然科詞書（合編）	1934 年初版；1934 年再版

其中，《文學初階》（又稱爲《繪圖文學初階》）是應商務印書館之請所編纂的，一套有 6 冊。杜亞泉巧妙地將自然科學知識融入相應章節中，以使學生在學習其他知識的過程中，也能領會掌握到自然科學方面的內容。該書 1902 年 7 月初版，爲我國近代最早的，完全有別於「三、百、千」傳統教材的，供蒙學堂用的教科書。他開創了在綜合性圖書中傳播自然科學知識的成功範型，在中國近代自然科學書籍編纂史上具有篳路藍縷之功。

《人生哲學》1929 年出版。據蔡元培記敘，該書係「將其在學校中講授之人生哲學內容，充實資料，彙編整理，歷時六、七年而成……全書以科學方法研求哲理，故周詳審慎，力避偏宕，對於各種學說，往往執兩端而取其中，如唯物與唯心，個人與社會，歐化與國粹，國粹中之漢學與宋學，動機論與功利論，樂天觀與厭世觀，種種相對的主張，無不以折衷之法，兼取其長而調和之。」〔註3〕

《博史》係杜亞泉對人類生活中遊戲的一種科學解讀，他旨在通過向人們介紹一些人們生活中的一些有意義的科學規則，啓發引導人們從日常生活中尋求科學的樂趣，激起愛科學、學科學的情趣。

《植物大辭典》爲我國第一部專科辭典，由 13 人合作，杜任主編，自 1907 年開始編輯，歷時 12 年，全書 300 餘萬字。1934 年再版。蔡元培爲辭典作序稱:「吾國近出科學辭典，詳博無逾於此者。」

〔註 3〕 蔡元培：《書杜亞泉先生遺事》，《新社會》第 6 卷第 2 號，1934 年 1 月 16 日。

《動物學大辭典》出版。該書由 5 人合作，杜任主編，自 1917 年開始編輯，歷時 6 年，全書 250 餘萬字。1927 年四版。

1932 年「一・二八」日寇侵犯吳淞，杜寓所與商務印書館俱被炮火焚毀，商務被迫停業並解雇職工，杜也率全家避難回鄉，變賣家產爲生。在此情況下，他仍召集其侄杜其堯、杜其堡及幾位商務退職同人，自費在鄉間創辦「千秋編譯社」，完成 70 萬字的《小學自然科詞書》的編撰，於杜逝世後由商務印書館出版。

值得一提的是，《化學工藝寶鑒》包括重要工藝 30 餘項千餘種，爲國貨製造家們提供了一份詳盡的技術參考資料，也反映出杜亞泉通過實施科學教育，發展實業實現民族振興的良苦用心。同時，這些自然科學書籍主要適用於中小學生和教師的學習和教學。杜亞泉重視科學教育從基礎教育抓起的信念由此可見一斑。

誠如汪家熔所指出的：「如果從一九〇〇年開始委託商務印書館印刷書刊、與商務、張元濟合辦《外交報》、以著作者身份爲商務編寫書籍算起，直到病故時還在爲商務執筆，則共有三十四年因緣——他的大半生，正所謂鞠躬盡瘁。」〔註 4〕顯而易見，杜亞泉與商務印書館櫛風沐雨大半生，主要通過辦學、執教、創辦（主編）期刊和編纂自然科學書籍傳播科學，成爲中國近代科學教育史上頗具影響的先驅者之一。

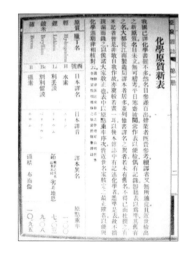

（四）撰文

根據世界最新科學技術的研究成果，結合國人生活的實際，杜亞泉注重在期刊上撰文，最大限度地發揮雜誌在傳播科學中的最大效

〔註 4〕　汪家熔：《杜亞泉對商務印書館的貢獻》，見許紀霖、田建業編：《一溪集：杜亞泉的生平與思想》，北京：三聯書店，1999 年，第 207 頁。

用，第一時間使人們瞭解到國際科學技術的發展動態及其運用的重大意義，誘導人們以科學的手段壯大國力、提高生活質量。他發表在《亞泉雜誌》、《普通學報》、《東方雜誌》等期刊上科學論文竟達百餘篇（見表7：發表於《亞泉雜誌》的文章、表8：發表於《普通學報》的文章、表9：發表於《東方雜誌》的文章、表10：發表於其他雜誌的文章）。

表7：發表於《亞泉雜誌》的文章：68篇次〔註5〕

文章題目	發表時間
〈亞泉雜誌〉序	第1期　1900.11.29
化學原質新表	同上
質點論	同上
鈣之製法及質性	同上
麻布洗滌法	同上
木器塞漏法	同上
天氣預報器	同上
地球風向圖	同上
考察金石表	同上
探南極之航路	同上
日本長野縣蠶業同志會委員中村利元採訪中國蠶業記	同上
算學問題	同上
礦物理學	第2期　1900.12.14
食物標準及食物化分表	同上
質點論（續）	同上
配合各色玻璃材料方	同上
蠶與光線之相關	同上
顯影藥水新法	同上
算題問答	同上

〔註 5〕　杜亞泉在《亞泉雜誌》上共計發表論文33篇。有些論文需要連載，若每連載一次，就算作1篇的話；再加上一些作者與讀者互動的「問答」欄目，這樣就共計68篇次。

化學問題	同上
化學理論	第 3 期　1900.12.29
化學奇觀	同上
考察金石表（續）	同上
日本長野縣蠶業同志會委員中村利元採訪中國蠶業記（續）	同上
微積答問	同上
質學問題	同上
算題問答	同上
定性分析（譯文）	第 4 期　1901.1.13
化學理論（續）	同上
顯影新方	同上
微積答問（續）	同上
算題答問	同上
論地震	第 5 期　1901.1.27
電學試驗	同上
定性分析（續）	同上
算題答問	同上
化學週期律	第 6 期　1901.3.13
定性分析（續）	同上
電學試驗（續）	同上
日本長野縣蠶業同志會委員中村利元採訪中國蠶業記（續）	同上
算題答問	同上
述銅乀鉬三原質之性情	第 7 期　1901.3.27
鈹即鉛考	同上
論火山	同上
流質皮面之收縮力	同上
定性分析（續）	同上
日本理學書目	同上
互相問答	同上
博物學總義	第 8 期　1901.5.11

論氫	同上
論歇ム謨	同上
電學試驗（續）	同上
日本理學及數學書目	同上
定性分析（續）	同上
珠盤開方法	同上
算題問答	同上
論物質之溶和	第 9 期　1901.5.25
定性分析（續）	同上
自來火工業	同上
珠盤開方法（續）	同上
幻視圖	同上
防腐及儲藏法	第 10 期　1901.6.9
定性分析（續）	同上
日本算學書目	同上
電學試驗（續）	同上
太陽工業摘錄	同上
算題答問	同上
化學答問	同上

表 8：發表於《普通學報》的文章：14 篇

文章題目	發表時間
級數求和	第 1 期　1901.9
有機物原質之鑒別法	同上
論洋藍	同上
土壤之種類	同上
日本假名文字考	同上
無極太極論	第 2 期　1901.10～1901.12
普通礦物學序言	同上
西鄉從道傳（譯文）	第 3 期　1901.11～1902.1

談蟻	同上
西鄉從道傳（續）	第 4 期 1902.2
岩山紀要	同上
潯溪公學開學之演說	同上
心理學略述	第 5 期 1902.4
植物分類學	同上

表 9：發表於《東方雜誌》的文章：45 篇

文章題目	發表時間
物質進化論	第 2 年 4 期 1905.4
理科小識	第 6 年 1 期 1909.1
理科小識	第 6 年 5 期 1909.4
論今日之教育行政	8 卷 2 號 1911.4
食物養生法（譯文）	同上
鼠疫之預防及看護法（譯文）	同上
著色茶之禁止（譯文）	8 卷 3 號 1911.5
論今日之教育行政（續）	8 卷 8 號 1911.10
雷錠發明者居里夫人小傳	8 卷 11 號 1912.5
尿糞製造燃燈瓦斯	8 卷 12 號 1912.6
共和政體與國民心理	9 卷 5 號 1912.11
論切音字母	同上
吾人將以何法治療社會之疾病乎	9 卷 8 號 1913.2
論中國之社會心理	9 卷 9 號 1913.3
論社會變動之趨勢與吾人處世之方針	9 卷 10 號 1913.4
現代文明之弱點	9 卷 11 號 1913.5
精神救國論	10 卷 1 號 1913.7
精神救國論（續）	10 卷 2 號 1913.8
精神救國論（續）	10 卷 3 號 1913.9
理性之勢力	10 卷 6 號 1913.12
個人之改革	10 卷 12 號 1914.6

差等法（談屑）	12 卷 4 號　1915.4
度量（談屑）	同上
命運說	12 卷 7 號　1915.7
職業知識（談屑）	同上
國民共同之概念	12 卷 11 號　1915.11
論國音字母	13 卷 5 號　1916.5
靜的文明與動的文明	13 卷 10 號　1916.10
中西驗方新編敘言	13 卷 11 號　1916.11
鋼骨三和土建築法述略	14 卷 1 號　1917.1
予之蔬食主義及方法（談屑）	14 卷 2 號　1917.2
農村之娛樂（談屑）	14 卷 3 號　1917.3
戰後東西文明之調和	14 卷 4 號　1917.4
未來之世局	14 卷 7 號　1917.7
眞共和不能以武力求之論	14 卷 9 號　1917.9
最輕之金屬與最輕之氣體（談屑）	14 卷 12 號　1917.12
矛盾之調和	15 卷 2 號　1918.2
死之哲學（談屑）	15 卷 3 號　1918.3
迷亂之現代人心	15 卷 4 號　1918.4
〈工藝雜誌〉序	15 卷 4 號　1918.4
教育之指導（談屑）	15 卷 10 號　1918.10
大戰終結後國人之覺悟如何	16 卷 1 號　1919.1
中國之電話事業（譯文）	16 卷 6 號　1919.6
職業之高下（談屑）	16 卷 10 號　1919.10
論通俗文	16 卷 12 號　1919.12

表 10：發表於其他雜誌的文章：8 篇

文章題目	期刊名稱及發表時間
中國醫學的研究方法	《學藝》2 卷 8 號　1920.11
有機化學命名之討論	《學藝》2 卷 8 號 9 號　1920.11
有脊動物國之大會議	《學生雜誌》創刊號　1914.7

用腦之方法	《學生雜誌》2 卷 1 號　1915.2
普通植物學教科書（序文）	《科學世界》1 卷 2 號　1903.4
杜亞泉致某君書	《教育雜誌》1909.10
蠑螈與龍之關係	《教育雜誌》9 卷 6 號　1917.12
化學理論	《政藝叢書》第 12～15 期，1902 年

　　無論就編纂的自然科學書籍的種類、數量、質量，還是就發表的科學教育論文所涉及的範圍，杜亞泉科學傳播的深度、廣度和影響力都是值得一提的，尤其是他爲商務印書館在近代科學教育史的重要地位抹上了濃重的一筆。誠如有人這樣評價道：「商務印書館初期所出理科教科書及科學書籍，大半出於先生手筆」〔註6〕；「館中出版博物理化教科參考圖籍，什九皆出君手」〔註7〕；「當民國初元之時，國內科學教育漸見發展，所藉以爲推進之工具者，杜亞泉先生所編各種理化博物教科書，其重要者也。」〔註8〕他是奠定商務印書館自然科學傳播的一塊基石。換言之，當我們論及中國近代科學教育史，不能不說到商務印書館；而說到商務印書館，不能不提及杜亞泉。

第二節　杜亞泉科學教育觀產生的歷史背景

　　任何觀念的生成都與其所處的歷史背景緊密相聯。誠如徐復觀所說：「任何思想的形成，總要受某一思想形成時所憑藉的歷史條件之影響。歷史的特殊性，既成爲某一思想的特殊性。沒有這種特殊性，也或許便沒有誘發某一思想的動因，而某一思想也將失其擔當某一時代任務的意義。」〔註9〕杜亞泉所處的歷史時期，從國際看：第二次科技革命的興起，極大地推動了社會生產力和國內科學教育的發展，更加強化了杜亞泉對科學教育價值的倡揚；第一次世界大戰的爆發，引發了杜亞泉的深刻反思：西方發達的科學文明是一把「雙刃劍」，既有利於人類改造世界，也會給人類帶來災難。那麼，科學的眞正價值何在，人類文明究竟何去何從。從國內看：甲午戰敗，中華民族危

〔註6〕　胡愈之：《追悼杜亞泉先生》，《東方雜誌》第 31 卷第 1 號，1934 年 1 月。
〔註7〕　章錫琛：《杜亞泉傳略》，見教育部編：《第一次中國教育年鑑》中的《教育名人傳略》，1934 年。
〔註8〕　張梓生：《悼杜亞泉先生》，《新社會》第 6 卷第 2 號，1934 年 1 月 16 日。
〔註9〕　徐復觀：《儒家政治思想的基本結構及其轉進》，《中國人文精神之闡揚》，北京：中國廣播電視出版社，1996 年，第 229 頁。

機大大加深，維新變法圖強日益高漲，激起了杜亞泉科學教育的熱情和「救世濟民」的抱負；濃鬱的紹興文化和海派文化等地域文化賦予了杜亞泉傾力科學教育的品格素養。

一、國際背景

（一）第二次科技革命的興起及對我國科學教育的影響

杜亞泉從事科學教育之際，正值第二次科技革命興起，其成果和影響力都遠遠超過了前一次的工業革命，將人類帶入「電氣時代」。「第二次科技革命，以電的發明和電力的廣泛應用為代表，為社會經濟活動開創了電氣時代，極大地推動了社會生產力的發展」〔註10〕，相應的，這一時期科學教育的勃興也較先前發展迅猛、影響廣泛。科學技術的發展進一步強化了它在學校教育中的地位。此時歐美各國紛紛加大了自然科學在中小學教育中的課程比重。例如，美國為了積極應對第二次科技革命帶來的機遇和挑戰，著力進行科學教育體制改革，增加科學教育投資，建立並不斷完善科學教育體制，確定合理、有效的科學教育政策，促進了科技發明及成果的轉化與應用，加速了經濟的起飛，促使其一躍成為當時世界頭號大國，應驗了恩格斯在 1882 年的預言：「美國在二十年後，會成為世界上『最富有和最強大國家。』」〔註11〕與此同時，我國近代科學教育也開展得如火如荼，已駛入了制度化發展的快車道。1904 年（光緒二十九年）1 月 13 日清政府頒佈實施「癸卯學制」，將近代科學作為法定的重要學習內容，標誌著我國近代科學教育在制度上得以初步確立。另外，以高等院校的自然科學教師為主體的職業科學教育家數量較前有所增加，壯大了科學教育的力量，從而擴大了科學教育家的群體規模；與以往相比，深刻反映第二次科技革命的最新科研成果的科學書籍和科技（綜合性）雜誌的編纂、出版發行，無論就數量、質量，還是就影響力而言，其科學傳播的深度和廣度都有極大突破。加上新文化運動從宇宙哲學的高度向國人倡揚「科學」，大大拓展和深化了科學教育的內涵，引發了人們對科學教育實質的理性思考：從事科學教育，不僅要重視科學知識的傳授，而且更要關注科學教育方法的訓練，尤其是要培養受教育者的科學探究習慣和

〔註10〕 王管石：《馬克思主義政治經濟學原理》，北京：人民出版社，1983 年版，第 283 頁。
〔註11〕 《馬克思恩格斯全集》（第 35 卷），北京：人民出版社，1974 年，第 334 頁。

科學精神。

　　第二次科技革命的興起及對我國科學教育的影響促使杜亞泉在科學教育中亟需思考：在科學傳播中，必須切合國家學制改革的需要，創造出反映科學技術最新發展動態的科學教育宣傳產品，充分發揮科學的社會功能，從科學知識、科學方法、科學精神等方面培養緊跟科技發展步伐和國家建設需要的具有科學素養的近代國民。

（二）第一次世界大戰後，世界「文化對話」時代的到來

　　創深痛巨、慘絕人寰，1914～1918 第一次世界大戰置人類於無比哀傷境地，也令諸多歐洲人對自己前途和命運的信心喪失殆盡，一度處於迷茫、混亂、悲觀和彷徨之中。早在第一次世界大戰前，少數富有遠見的歐洲學者就率先意識到自身文明，包括科學技術會把人類引向窘境，漸漸抹去了先前標榜自己為「高等文化的使者」和「將那些原始種族和古老的民族從遲鈍和麻木中拯救出來的嗜好」〔註12〕的信念。斯賓格勒《西方的沒落》一書的問世，更是徑直斷言西方文明正面臨著沒落的命運，明確指出：歐戰不是「民族感情、個人影響或經濟傾向的一團一時性的偶然事故」，而是表明西方的「浮士德文化」正走向死亡。《西方文明史》的主編馬文・佩里對西方科學文明作了精闢地「總體的性質評估」：「毫無疑問，任何能允許如此毫無意義的大屠殺持續四年之久的文明，都已經表明了它弊端叢生，正走向衰敗。所以，大戰之後，歐洲人對他們自己和他們的文明有了另外的一種看法。」〔註13〕1919年發表於日本《新公論》雜誌上的《新歐洲文明思潮之歸趨及基礎》一文也尖銳指出，歐戰已令西方科學文明的「大缺陷」暴露無遺。

　　理智的人們都會窮研冥索：科學到底能給人類帶來什麼？以科學為根本特質的西方文明的價值存在於何處？被時人譽為「東方第一大人物」的泰戈爾直言不諱：「歐民妄自尊大，欲以自己之西方物質思想征服東方精神生活。致使中國印度最高之文化，皆受西方物質武力之壓迫，務使東方文化與西方文明所有相異之點，皆完全消滅，統一於西方物質文明之下，然後快意。此實為歐洲人共同所造成之罪惡。希望青年將從前種種罪行忘去，努力為新世界

〔註12〕瓦萊里著：《中國和西方》，見何兆武譯：《中國印象》，南寧：廣西師範大學
　　　　出版社，2001年，第458頁。
〔註13〕馬文・佩里：《西方文明史》（下卷），上海：商務印書館，1993年，第368、
　　　　454～455頁。

之造」〔註 14〕，批評了西方文化對東方文化的壓迫。時任《東方雜誌》主編的杜亞泉撰文《大戰爭與中國》、《大戰爭之所感》一改往日對西方科學文明的樂觀態度，提醒國人應當重新審視中國傳統文化與西方科學文化的價值，決不可「全盤西化」。與其相呼應，自 1920 年 3 月起，上海《時事新報》和北京《晨報》上分別長時連載梁啓超的《歐遊心影錄》，告誡國人：戰後歐洲處處哀鴻遍野、悽楚悲涼，千萬不要再度迷戀西方「科學萬能」的「無知妄說」。另外，1920 年底梁漱溟在《東西文化及其哲學》中提出：世界文化發展有「三種路向」，篤信現今世界文化正趨於「中國化」。胡適認爲，歐戰後西洋人對自己的文化「起一種厭倦的反感，所以我們時時聽見西洋學者有崇拜東方文明的議論。這種議論，本來只是一時的病態的心理，卻正投合東方民族的誇大狂；東方的舊勢力就因此增加了不少的氣焰」〔註 15〕。當時國人的共識是：斯賓格勒「在能超出歐美尋常人士之思想感情範圍之外，而不以某一族某一國爲天之驕子，可常役使他國他族，而常保其安富尊榮。他的這一嶄新的研究方法，實已予吾人以極深刻之刺激及有益之榜樣」〔註 16〕，道出了時人的心聲：在一定意義上，中國傳統文化並不完全落後於西方文明。

毋容置疑，第一次世界大戰後，世界「文化對話」時代到來了，世界文化是多元的，西方科學文明可以與東方傳統文化互補共融。由此給杜亞泉的科學觀帶來的衝擊和影響是：如何理性看待科學的價值；既然科學具有負面影響，是否需要繼續堅持科學教育；如何開展西方科學與中國傳統文化相融通的科學教育。

二、國內背景

（一）甲午戰後，中國戰敗的刺激與維新變法圖強的高漲

中國近代史，是一部民族血淚史，一部民族屈辱史，列強的屢屢入侵，國人的屢屢反抗，均以喪權辱國的不平等條約的簽訂暫時告一段落。然而帝國主義的貪婪改變不了中華民族一步步被蠶食的命運，每次慘敗之後，國人在積聚力量，以力再戰之時，其覺悟程度也在日益增強。綜觀中華民族反侵略戰爭的史實，直至 1894 年甲午中日戰爭，具有群體意識的民族覺醒才開始

〔註14〕 泰戈爾：《德國人之傾向東方文化》，《亞洲學術雜誌》，1921 年第 2 期。
〔註15〕 胡適：《我們對於西洋近代文明的態度》，《胡適文存》第 3 卷，上海：亞東圖書館，1930 年版，第 235 頁。
〔註16〕 《斯賓格勒西土沉淪論述詳》，《大公報·副刊》，1928 年 2 月 13 日。

萌動，近代百年中國由此出現轉機。「深重的災難同時又是一種精神上的強擊，它促成了鴉片戰爭以來中國民族認識的亟變。……在社會歷史現象中，『覺醒』一詞並不歸結於憤激，其確定涵義應在於主體對自身歷史使命的自覺意識。一個階級是這樣，一個民族也是這樣。沿用一句現成的話，可以叫做由自在到自為。」〔註17〕誠如梁啓超在《戊戌政變記》中所言：「喚起吾國四千年之大夢，實自甲午一役開也。……吾國之人視國事若於己無與焉，雖經國恥、歷國難，而漠然不以動其心者，……吾國則一經庚申圓明園之變，再經甲申馬江之變，而十八行省之民，猶不知痛癢，未嘗稍改其頑固囂張之習，直待臺灣既割，二百兆之償款既輸，而酣睡之聲，乃漸驚起。」〔註18〕中國戰敗刺激了有識之士，思想轉軌由衷而生。有人在回憶錄中這樣寫道：「那個時候，中國和日本打起仗來，而中國卻打敗了，這便是中日甲午之戰了。割去了臺灣之後，還要求各口通商，蘇州也開了日本租界。這時候，潛藏在中國人心底裏的民族思想，便發動起來。一班讀書人，向來莫談國事的，也要與聞時事，為什麼人家比我強，而我們比人弱？為什麼被挫於一個小小的日本國呢？讀書人除了八股八韻之外，還有它應該研究的學問呢！」〔註19〕

　　富有愛國憂患意識的杜亞泉此時「翻然改志」，起初感「帖括非所學」，現在覺「訓詁亦無裨實用」，於是「改習疇人術」，「購譯書讀之，得製造局所譯化學若干種而傾心焉，以謂天下萬物之原理在是矣。」〔註20〕在知識追求上，杜亞泉逐漸實現了角色轉型：由「上追天崇隆萬」的傳統士人到「得理化學之要領」的現代知識分子，把人生志向定位於科學教育。

　　誠如杜其在所言：「我的父親是一個人愛祖國的人。他的青少年時代，正值祖國內憂外患，國破民窮，民族危機深重之際，這促使他不斷觀察思考國內外發生的一切，探索救國救民的道路。他出身在一個封建家庭，我祖父是個商人，希望我父親能踏入仕途，光耀門庭，從小裴延他學習經史、訓詁、音韻。父親十六歲就中了秀才，但在當時知識界掀起的變法圖強熱潮的影響下，他開始感到這些學問並不能使國家富強，就毅然拋棄科舉學業，改學西

〔註17〕陳旭麓：《近代中國社會的新陳代謝》，上海：上海社會科學院出版社，2006年，第166～168頁。
〔註18〕中國史學會主編：《戊戌變法》（一），上海：上海人民出版社，2000年，第296頁。
〔註19〕包笑天：《釧影樓回憶錄》，香港：香港大中華出版社，1971年，第145頁。
〔註20〕杜亞泉：《定性分析》，《亞泉雜誌》，1901年第10期。

方科學技術，爲此甚至與我祖父的關係鬧得很僵。我祖父直到晚年才覺悟到我父親的覺悟是對的，他在日記中讚譽我父親說：『秋帆（我父親的號）眞我之孝子也。』」〔註21〕

中日甲午戰爭後，民族危機急劇加深，一批具有資產階級意識的知識分子凝聚到了一起，舉起「變法救亡」大旗，掀起了一場聲勢浩大的維新圖強運動，到 1898 年「百日維新」達到高潮。他們以發展資本主義、救亡圖存爲職志，倡言變法：改革政府機構，裁撤冗員，任用維新人士；鼓勵私人興辦工礦企業；開辦新式學堂培養人才，翻譯西方書籍，傳播新思想；創辦報刊，開放言論；訓練新式軍隊，等等。它在社會上起到了思想啓蒙的作用，爲資產階級思想的傳播奠定了基礎，符合中國近代史的發展趨勢，具有進步意義。這也啓示或者影響著杜亞泉科學教育活動的實施：如何改革現行教育制度，「以便利社會間心理之交通（如學會、講演會、宣講社、書籍、報章、雜誌等，皆爲心理交通之機會），促進社會之普遍化，使社會中各個人之心理，漸漸融洽」〔註22〕，啓迪民智，培育具有科學素養的現代國民。

（二）地域文化的影響

通俗地說，地域文化就是在一定的地域內，經過長期的歷史積澱所形成的，具有獨特風格、傳承至今仍發揮作用的遺存、習俗等文化傳統。它是反映文化人本規定性的一個概念。

1、紹興文化的薰陶

「紹興經過千百年的累積，形成了以名士文化爲首，獨具特色的地域文明。」〔註23〕大禹公而忘私的美德、句踐的膽劍精神、魯迅堅忍不拔的鬥志、蔡元培務實創新的風格是不同歷史時期紹興人奮發有爲、與時俱進精神的展現，這一名士文化是一代代紹興人爲國分憂、爲民請命的重要精神動力，也是紹興地域形象的重要標誌；紹興的鑒湖水域廣袤，水性柔順孕育了海納百川、兼容並蓄的鑒湖文化，從而鑄造出紹興人無比博大寬廣的胸懷；紹興的紡織歷史悠久，源遠流長，從傳統中不斷創新、不斷進取、不斷發展的紡織

〔註21〕 杜其在：《回憶我的父親杜亞泉》，見許紀霖、田建業編：《一溪集：杜亞泉的生平與思想》，北京：三聯書店，1999 年，第 42 頁。

〔註22〕 杜亞泉：《精神救國（續二）》，《東方雜誌》第 10 卷第 3 號，1913 年 9 月。

〔註23〕 鍾朋榮、章長勝、孫雲耀：《解讀紹興縣》，北京：經濟日報出版社，2005 年，第 194 頁。

文化，培養了紹興人精益求精的個性精神；紹興外柔內剛、厚積薄發的黃酒文化薰陶出紹興人求眞務實、不張揚個性的處世風格。

「一方水土養一方人」，在地域文化的薰陶下，培育出了杜亞泉憂國憂民的高度社會責任感、開拓創新意識、理性審愼的科學精神、多元融通的情懷、勤勉踏實的幹事作風。這些個性特質鎔鑄於其科學教育觀中，成爲影響其科學教育實踐的重要因素。

2、海派文化的浸染

清嘉慶《上海縣志》載：「上海爲華亭所分縣，大海濱其東，吳淞繞其北，黃浦環其西南，閩、廣、遼、沈之貨，鱗萃羽集；遠及西洋暹羅之舟，歲亦間至。地大物博，號稱繁劇，誠江海之通津，東南之都會也。」到了近代則爲「全國交通之轂輻」，被泛稱「十里洋場」，「歐化輸入之第一步，無論工商，勢必多見聞，比例視內地各省爲開通者」〔註 24〕，是西方文化輸入中國的窗口，「中西文化首先在這裡碰面、會敘，所以近代中國的新學許多是在這裡孕育，再由這裡擴散。『海派』一詞充分表明了這個地區與時代的印記。」〔註 25〕中西文化劇烈碰撞、南北文化頻繁交匯，它們最終都在不同程度上得到了融合。這種融會，即爲海派文化產生的背景，也造就了海派文化的特徵：開新——善於吸納新事物，變革悠久、凝重的傳統；靈活善變——不呆滯和不拘一格；包容多樣——接受西方文化，將其溶進自己的變革中，推動經濟、社會、文化等領域的新陳代謝。〔註 26〕

海派文化的海納百川、開拓創新之特質與紹興文化，尤其與鑒湖文化是極其相通的，杜亞泉於 1900 年赴滬創辦「中國近代首所私立科技大學」——亞泉學館，發行「中國人自辦的第一份自然科學綜合性期刊」——《亞泉雜誌》，之後又開創了中國近代科學教育的多項之先和開闢《東方雜誌》科普之窗，以及倡言中西文化融合，其背後與海派文化的浸染不無關係。

第三節　杜亞泉科學教育觀的思想淵源

任何一種思想觀念從破土萌動到提升完善，不僅受制約於時代背景，而且也爲社會思潮所影響。清末民初「經世致用」思潮重興，促使杜亞泉棄

〔註 24〕 蔡元培：《紹興教育會之關係》，《蘇報》，1903 年 3 月 12 日，第 2 版。
〔註 25〕 陳旭麓：《說「海派」》，《解放日報》，1986 年 3 月 5 日，第 3 版。
〔註 26〕 《海派文化及其特徵》，《文匯報》，1990 年 2 月 13 日，第 2 版。

「無裨實用」的中學，改習西學，認定科學的「工具性」價值；科學教育思潮的湧動爲杜亞泉構建科學教育體系提出了具體要求；受國粹思潮衝擊，杜亞泉堅定了對待中國傳統文化的理性態度，倡言「文化調和觀」，力主中西科學融通。

一、「經世致用」思潮的重興

　　近代以來，中華民族的內憂外患首先喚醒了一批開明的知識分子，他們厭惡「皓首窮經」的求學之路，痛斥「萬馬齊喑」的現實，倡言改革，議論時政，「恒相指天劃地，規天下大計」〔註27〕，將目光指向世務，以經世治國、挽既倒之狂瀾爲己任，「經世致用」之學重興。鴉片戰爭前後，在知識界不僅湧動著一股經世致用的思潮，而且出現了一支上有督撫大員：如林則徐、賀長齡等，下有飽學之士：像龔自珍、魏源等經世致用的改革派，率先提出向西方學習的口號，尤其是「師夷之長技以制夷」的觀念，打破了傳統思想的禁錮，開啓了中國近代史上向西方學習的先河。洋務派在「中體西用」的指導下，將「經世致用」由思想變成了行動，膜拜西方的船堅炮利，大力引進先進軍事和民用科技，從物質層面倡揚西方科學的價值，把科學當作經世致用的實用工具，突出強調掌握自然科學與應用技術知識，以及外交、通商、軍事、國際公法知識的重要性和必要性。到了維新運動時期，以康有爲、梁啓超、嚴復爲代表的維新派，將學習西方的視線引向不僅要學習「西藝」，更力主開啓民智，學習「西政」，把國人向西方學習向前推進了一大步，關注到了其制度層面的優越性。到了五四新文化運動時期，新青年派把科學作爲解決社會問題的宇宙哲學來看待，突出了科學的社會功能。

　　總的說來，近代西方科學在中國的傳播主要是作爲一種實用性知識技藝的傳播，這就勢必自然被納入經世致用的傳統文化中，而不可能觸動其發生根本轉向。「對西方近代科學的接納，我們經歷林則徐、魏源等的『師夷之長技以制夷』、洋務官僚引進科技創辦實業以『自強』和『求富』，到康梁等的進化論宣傳以求變法，再到陳獨秀試圖通過科學態度和科學精神的倡導改造國民性的願望，……體現了一種明確的傾向，關注其經世致用的功利價值，即科學的外在價值，我們可以將其視爲科學的『工具箱』意識」〔註28〕。這

〔註27〕 梁啓超：《清代學術概論》，《梁啓超論清學史二種》，上海：復旦大學出版社，1985年，第63頁。
〔註28〕 丁鋼：《全球化視野中的中國教育傳統研究》，南寧：廣西師範大學出版社，

就勢必影響到杜亞泉的科學教育觀，起初他深感「是學亦無裨實用」，就已將學習西學的目的定位在為國家擺脫積貧積弱而尋求出路的「實用」上。在實學的價值導向下，科學技術所彰顯出的表層的「功用性」或者說「實用性」，自然就會為杜亞泉所認同，而科學技術一旦被納入實用理性的框架，其也就會被看作非常恰當地支持實學的思想資源加以利用。很明顯，這種利用就會主要傾向於功利層面。經世之務在於救國，致用（救國）之器在於科學，認識到科學有救國的功用，於是杜亞泉便拿起「科學」武器，並為之奮鬥了終生。

二、科學教育思潮的湧動

近代科學教育真正肇始於洋務派的「西藝」教育，而蔚然成為社會思潮，並盛極一時則是在新文化運動期間。此前嚴復首倡西方科學技術為「實驗的學術」，揭批中國學術「尚虛」；1914 年 6 月「中國科學社」成立，次年刊行《科學》雜誌，倡言將科學內容和方法滲透到社會中去，闡明科學教育的基本內涵：「『物質上之知識傳授』；應用科學方法與教育研究和對人科學精神、科學態度的訓練。」〔註29〕與之相呼應，新文化運動高舉「民主」和「科學」兩面大旗，主張以科學理性精神和態度指導社會實踐，自此中國近代科學教育步入了「快車道」。也正是借助『民主』、『科學』這股強勁東風，科學教育思潮漲升至史無前例的高度，進入了一個新的發展時期。

具體說來，科學教育思潮的湧動主要集中體現在三個方面：倡導以科學內容尤其是科學方法、科學精神滲透至社會各項事業之中的中國科學社；反思傳統文化，力主科學啟蒙的激進民主主義者；基於實證主義，將科學方法視為「大膽的假設，小心的求證」的以胡適為代表的實證主義者。他們注重科學的社會功能，但已不再囿於將科學教育僅僅限制在知識傳授層面，而是把目光投向對國民科學方法、科學精神等素養的培養上，把向西方學習的進程由器物層面、制度層面，進一步推向心理、觀念、倫理層面，這是一種歷史的進步。

追根溯源，辛亥革命前後，隨著中國民族資本主義的發展，廣大民眾有著強烈學習西方科學技術的需求，資產階級和小資產階級擔當了科學傳播的

2009 年，第 164～165 頁。
〔註29〕任鴻雋：《科學與教育》，《科學》第 1 卷第 12 期，1915 年。

重任，才促使科學教育思潮一浪高過一浪。例如，僅 1912 年至 1913 年的兩年間，就出版了三角、幾何、算術、代數、植物、動物、地理、理化等數十種學校教科書。與此同時，我國科學團體、科研機構相繼建立起來，科學期刊也紛紛出版，介紹當時國內外先進科學成果。像 1912 年、1913 年、1915 年，在中國近代科學教育史上有重要地位和頗具影響力的科研團體（機構）和科技期刊，就有數家建立和出版（見表 11：1912～1915 年中國科學學會成立和科學期刊創刊例舉）。

表 11：1912～1915 年中國科學學會成立和科學期刊創刊例舉

1912 年	1913 年	1915 年
中央觀象臺	地質調查所	中華醫學會
釐訂行政區域研究會	中華工程師學會	中華醫藥學會
《農林公報》		《氣象學刊》
《實業雜誌》		

值得一提的是，發生於 1923 年的「科玄論戰」，不僅擴大了科學的社會影響力，而且深化了科學教育思潮的傳播，推動了科學教育運動的發展。以張君勱爲代表的玄學派認爲，無論科學如何發達，科學教育只能解決人的理智與體質問題，而藝術、意志、情感、道德非科學所能爲，人生觀問題必須由玄學來解決；以丁文江爲代表的科學派則認爲，鑒於科學求眞能使人獲得求眞理的能力、愛眞理的誠心和生活的樂趣，故而科學能解決所有人生問題，它是教育和修養的最好工具。

在科學教育思潮的湧動中，作爲抱定以科學救國、教育救國爲宗旨的杜亞泉怎樣思考自己的行動路向：如何進行科學傳播，如何評估科學與道德、人生觀的關係，等等。

三、國粹思潮的衝擊

以「研究國學，保存國粹」爲宗旨，號召「陶鑄國魂」的章太炎、黃侃、劉師培、鄧實、劉節等被稱爲是「國粹派」代表，他們文化保守主義思想在晚清達至高潮，隨著清朝的滅亡和內部的分化，逐漸趨於低落，但其影響力依然蕩存。所謂國粹，通俗地講，就是中華文化的精華，廣義上泛指中國的歷史、文化，狹義上就是反映中華民族精神與特性的文化精華。用黃節的話

講，就是：「國家特別之精神」。民初傳統文化危機的局面，令國粹維護者深感憂慮。誠如梁漱溟所言：「東方化對於西方化步步的退讓，西方化對於東方化的節節斬伐！到了最後的問題是將枝葉去掉，要向咽喉去著刀，而將中國化根本打倒」〔註30〕，致使「國學陵替」。究其原因，乃源於國人實感國學對自身無有實用價值。曾有讀者寫信給《甲寅週刊》，道出了捨棄國學的心聲：「饑不得食，寒不得衣，無負郭之田可耕以養，無一畝之宅可營以居，遑遑無所歸，恤恤無所望，不得不變易初志，拖馬醫賤技以自藏。」〔註31〕有人從日本明治維新的成功中悟出：務必保存國粹，發揚光大中華文明。「昔者日本維新，歐化主義浩浩滔天，乃於萬流澎湃之中，忽焉而生一大反動力焉，則國粹保存主義是也。……其說以為宜取彼之長，補我所短；不宜醉心外國之文物，並其所短而亦取之，並我所長而亦棄之。」〔註32〕其實是在倡言國學興則國興。在文化價值觀上，他們主張中西文化平行論。像鄧實提出東西文化「靜動觀」；章太炎則認為，世界文化有模仿他國的「儀刑」型和自我發展、自保體系的「因任」型：「今中國之不可委心遠西，猶遠西之不可委心中國也。……余以不類方更為榮，非恥之分也」〔註33〕，主張中西文化無優劣之分，二者相互平行。

　　儘管國粹派中學功底深厚，但他們擁有新的知識結構，已經不同於傳統士人，其中有些人並不絕對反對向西方學習，而是力圖在國粹與西化之間持一種公允的態度。例如，許守微主張：「國粹也者，助歐化而愈彰，非敵歐化以自防」〔註34〕；「世衰道微，歐化灌注，自宜抱彼蓄英，補我網乏。」〔註35〕後來章太炎指出：「今之言國學者，不可不兼求新識。」〔註36〕儘管這些論調不是國粹派的主流意識，但他們試圖在國粹與歐化之間保持不偏不倚的立場，對世人也頗有一定的輻射力。

〔註30〕　梁漱溟：《東西文化及其哲學》，《梁漱溟全集》第1卷，濟南：山東人民出版社，1989年，第335頁。
〔註31〕　《李元致章士釗函》，《甲寅週刊》第1卷第31號。
〔註32〕　黃節：《國粹保存主義》，《壬寅政藝叢書》，政學編，卷五。
〔註33〕　章太炎：《原學》，《革故鼎新的哲理——章太炎文選》，上海：上海遠東出版社，1996年，第361～363頁。
〔註34〕　許守微：《論國粹無阻於歐化》，《國粹學報》第1冊第7期。
〔註35〕　《祝辭》，《國粹學報》第1號第38期，1908年。
〔註36〕　《國學講習會序》，《民報》第7號，影印本（一），北京：科學出版社，1957年。

　　顯而易見，國粹主義者倡言中西文化交流過程中必須重視中國傳統文化的合理因素，鼓勵國人在新的時局變動之際務必要高度重視傳承和研究民族文化遺產。誠然，這種理念勢必波及其科學觀：科學作爲文化中的一個重要因子，是否需要徹底排斥西方科學，對中國傳統中的科學成就視而不見。加之第一次世界爆發的刺激，國家未來文化建設的出路在哪裏。

　　上述問題對杜亞泉來說，是必須要深入思考的：在科學教育中，中國傳統科學的成就是否算作「國粹」的一部份，是否需要繼承、弘揚。從科學傳播實踐來看，杜亞泉在吸納、借鑒西方先進科學的成果的同時，也繼承、弘揚中國傳統科學的成就，倡言中西科學融通。這不僅僅是保存「國粹」，而且是力求實現人類眞正的「模範之文明」。杜亞泉曾在《戰後東西洋之文明之調和》中撰文指出：「東西洋之現代生活，皆不能認爲圓滿的生活，即東西洋之現代文明，皆不能許爲模範文明。……戰後之新文明，自必就現代文明，取其所長，棄其所短，而以適於人類生活者爲歸。」〔註37〕在此，杜亞泉看到了西方文化無論是物質上（主要是科學）還是精神上都有可借鑒之處，但因西方科學所帶來的弊端，則堅定了其守存有價值的傳統文化的信心，包括中國傳統科學的成就。

〔註37〕 杜亞泉：《戰後東西文明之調和》，《東方雜誌》第 14 卷第 4 號，1917 年 4 月。

第二章　杜亞泉與中國近代科學教育
價值觀

　　作爲胸懷「濟世救民」宏願的科學傳播者，杜亞泉抱定科學救國理念，深諳科學技術「固握政治之樞紐」，對「中體西用」論作了鮮明批判，堅信科學教育具有工具性層面的社會救亡價值；同時鑒於視教育爲「吾儕改革社會之希望與志願者」和國人愚昧無知之狀的認識，杜亞泉倡言「以普瀹常識爲要務」，以實現「人心之漸漬改革」和「祛世人迷信」，從精神發展層面肯定和闡發了科學教育的思想啓蒙意義。

第一節　杜亞泉與中國近代科學救國論

　　西方科學技術作爲與中國傳統文化相異質的文化，被移植到中國來，可謂步履蹣跚。相應的，近代國人對科學教育價值的認識也經歷了一個由最初的簡單否定再到初步認同直至全面肯定的過程，即由突破「夷夏大防」逐步發展到對科學內涵深層「命脈」的把握，而其中有一條主線十分清晰地貫穿始終：那就是基於國富民強的現實需要，推崇科學教育在社會救亡意義上的工具性價值。

一、近代國人論科學教育的社會救亡價值

　　當然，起初科學教育的社會救亡價值曾一度遭致頑固派的極力反對，像倭仁就聲稱「立國之道當以禮儀人心爲本，未有專恃術數而能起衰振弱者」

〔註1〕，在他們眼裏，西方科學技術不必學、不該學、不能學。但隨著形勢的發展，「中體西用論」躍居了思想的主導地位，極大地推進了近代科學教育的開展。甲午海戰，中國敗北，宣告了洋務運動的終結，隨之而來的便是國人對西方文化超越器物層面延伸至制度層面的反思和學習，此時中國近代科學教育步入了方法論科學觀階段。維新派認為，科學觀念的轉換與確立是國家擺脫危機，實現民族復興的思想前提。民初共和流產，政局動盪，中西文化衝突更加激烈，中國傳統文化陷入深深危機之中，一批激進的民主主義者將科學教育的價值進一步泛化，最終被提升為一種「主義」，推崇為一種價值——信仰體系，滲透至社會各個領域。他們主張只有從心理層面入手，藉以科學和民主教育進行人心之改造，才能實現國家的現代轉型。

（一）洋務派：倡導實施以「中體西用」為指導的格致之學，實現救亡圖存

鴉片戰爭催中國先進知識分子猛醒，以堅船利炮為前導的西方文明，最先以「器」和「技」的形態展現在晚清士大夫面前，也使其對西方科學的理解停留在「器」、「技」層面，這是很自然的事。洋務派將地主階級改革派「師夷之長技以制夷」的主張變為了現實，開始倡導「格致為基、機器為輔」，以數學、物理、化學為表現形態的格致之學得以推崇，促使科學逐步走向具有相對獨立性的理論形態，把對科學的認識向前推進了一大步。但是，受「中體西用」思想的束縛，洋務派將科學教育的價值定位在挽救清政府統治上。誠如張之洞在《勸學篇》中指出：「中學治身心、西學應世事」，贊同用孔孟義理之學「植其本」。他們傾力發展軍事和民用工業，在課堂上向學生灌輸力學、水學、聲學、氣學、火學、光學、電學等格致之學，其最終目的是應付「數千年來未有之變局」。認為實施科學教育是制勝洋人之道，是民族救亡圖存之所需。換言之，中國傳統文化和西方科學知識在教育中的地位是絕對不平等的，屬於體用的主次關係。學習西方科學知識是出於實用的目的，通過提高人的製造武器裝備的技藝水平，以抵禦外來威脅，是求得清政府統治「強」和朝廷「富」的有效方法。

〔註 1〕 高時良：《洋務運動時期的教育》，上海：上海教育出版社，1992年，第9頁。

（二）維新派：推崇科學教育的觀念轉換功能，為救亡圖存奠定思想基礎

基於希望在不觸動封建統治前提下的考慮，維新派主張進行自上而下的教育改革：增加科學教育新內容，讓科學教育進入中小學，促進科學教育逐步系統化，拓展科學教育的範圍，以使其科學傳播和影響更加深遠。他們更多地將目光由形而下的器技，轉向了思想觀念和制度層面，相應的，維新思想家們對科學教育價值的認識也超越了中體西用的層面，積極將西方先進的科學方法論引入中國。在此貢獻突出者，當屬嚴復。他將進化論推介給國人，不僅僅視其為一種科學理論，更重要的是，把它當作一種社會進化的普遍天演哲學，以此為武器來考察社會演變的深層動因，為自強保種的歷史要求提供科學論證。至此，他已經將科學泛化為一種「道」。這種「道」所體現出的科學方法具有「冶煉心能」之功。他尤為推崇科學實驗法，認為科學實驗隨時隨地都可以實驗，實驗越周密，所得出的結論就越可靠、越接近實際。所以說科學教育具有「轉變吾人之心習，而挽救吾數千年學界之流弊」的作用。為此，嚴復得出結論：「中國此後教育，在最著宜科學」，而最終目的「不獨於吾國變化士民心習所不可無，抑且為富強本計所必需。」也就是他經常所強調的：「救亡之道當如何？曰痛除八股而大講西學，則庶乎其有瘳耳。東海可以回流，吾言必不可易也。」〔註2〕

嚴復等維新思想家把科學教育能轉換人的觀念看作實現救亡圖存的思想前提，科學教育在他們眼裏依然是一種強國富民的實用工具或手段。但是，與先前洋務派相比較，他們已經不在將科學教育的價值定位在能改善武器裝備上，而是著眼於能變換人的心理，能提高人運用科學方法來觀察社會、改造社會的能力，從而增強報國的本領。這些認識無疑是一種巨大進步。

（三）20世紀初：關注科學教育潛在的生產力價值，以推動實現社會救亡

國人在反思前期改革屢次失敗的原因後，進一步加深了對科學的理解：中國近代社會轉型的實現，務必需要以「科學」理念全方位武裝國人頭腦，徹底改造國人心性，才能實現社會救亡。新文化運動伊始，陳獨秀就倡言

〔註2〕　嚴復：《論今日教育應以物理科學為當務之急》，《嚴復集》第2冊，北京：中華書局，1986年，第278頁。

「以科學代宗教」，將科學提升爲一種「主義」，以求實現國人「倫理之覺悟」。這種對國民心性的改造觀，隨後經科玄論戰的洗禮，又得以強化，逐漸演變爲時代思潮，極大地推動了科學教育的發展。但不容忽視的是，當時一些洞察力敏銳的思想家並未放棄對科學教育經濟價值的討論，依然十分自覺地將科學的生產力價值的實現放到特定的歷史環境和社會政治制度中加以考察。

魯迅對科學教育的社會生產力價值予以了高度關注。基於對中國傳統文化沒有產生近代意義上科學的土壤，科學的缺失必將危及國家的生存和民族的發展的認識，他把科學比喻爲照亮世界的神聖之光。「自然之力，既聽命於人間，發縱指揮，如使其馬，束以器械而用之；交通貿遷，利於前時，雖高山大川，無足沮核；饑癘之害減；教育之功全。舉工業之械具資材，植物之滋殖繁養，運動之畜牧改良，無不蒙科學之澤。」〔註3〕1930 年他在《進化與退化小引》一文中強調指出：「我們生息於自然中，而於此等自然大法的研究，大抵未嘗加意。沙漠之逐漸南徙，營養之已難支持，都是中國人極重要，極切身的問題，倘不解決，所得的將是一個滅亡的結局。林木伐盡，水澤涅枯，將來的一滴水，將和血液等價。」〔註4〕爲此，他得出結論說：「要救治這『幾至國亡種滅』的中國，那種『孔聖人張天師傳言由山東來』的方法，是全不對症的，只有這鬼話的對頭的科學——不是皮毛的眞正的科學。」〔註5〕而且在魯迅看來，科學教育潛在的生產力價值的發揮不僅僅取決於其自身，而且還受制於社會政治制度。他曾在《電的利弊》一文中舉例說：「許多人讚頌電話電報之有利於人，卻沒想到同是一電，而有人得到這樣的大害：受電刑，富人用電氣療病，美容，而被壓迫者卻以此受苦，喪命也。」〔註6〕他不僅僅認識到科學教育的生產力價值，而且對其功能發揮所需要的社會條件給予了關注，超越了純粹的科學救國論，不能不說富有遠見卓識。

〔註 3〕 魯迅：《科學史教篇》，《魯迅雜文全集》，鄭州：河南人民出版社，1994 年，第 9～12 頁。

〔註 4〕 魯迅：《進化與退化小引》，《魯迅雜文全集》，鄭州：河南人民出版社，1994 年，第 394 頁。

〔註 5〕 魯迅：《魯迅全集》第 1 卷，北京：人民文學出版社，2005 年版，第 301 頁。

〔註 6〕 魯迅：《電的利弊》，《魯迅雜文全集》，鄭州：河南人民出版社，1994 年，第 526 頁。

一個國家的科學發展水平直接關乎到人們的生活品味，從而決定著民族的存亡。胡適從科學足以直接影響到人們生存質量和生存狀態的角度論析了科學教育的生產力價值。他舉例說：「小孩出痘出花，都沒有科學的防衛。供一個『麻姑娘娘』，供一個『花姑娘娘』，避避風，忌忌口；小孩子若安全過去了，燒香謝神；小孩若遇了危險，這便是『命中注定』。」〔註7〕他還意識到當時國人對生育科學知識的缺乏，痛斥把生小孩看作最污穢的事，把產婦的血污看作不淨的穢物等愚昧陳腐思想，呼籲國人加強對科學知識的學習，以增進個人幸福，推動實現社會救亡。

在科玄論戰中，丁文江反駁張君勱的內心修身養性有利於中國精神文明建設的觀點，認為中國遭受列強侵略就是源於科學的缺乏。「懶惰的人，不細心研究歷史的實際，不肯睜開眼睛看看所謂『精神文明』究竟在什麼地方，不肯想想世上可有單靠內心修養造成的『精神文明』；他們不肯承認所謂『經濟史觀』也還罷了，難道他們也還忘記了那『衣食足而後知禮節，倉廩實而後知榮辱』的老活嗎？」〔註8〕在丁文江看來，中國幾個世紀以來慣以修身養性，於是便產生了一種虛幻的優越感，卻對實際事物所蘊含的科學道理置之不理，最終被帝國主義踩躪，就是自然而然的事了。顯而易見，他提倡把發展生產，壯大國力作為科學教育的價值旨趣。

中國近代科學教育的指導思想可以說是從「器物科學觀」開始起步的。自從地主階級改革派提出「師夷長技以制夷」，睜眼看世界以來，擺脫根深蒂固的夷夏觀念，就日益成為國人邁向近代化的理論先導，「以器物的形式承擔了直接的啟蒙使命，它不僅衝撞了舊物，而且刺激了觀念形態的新陳代謝。」〔註9〕其實，洋務官僚引進科技，創辦實業以「自強」和「求富」，直至康梁等維新派宣傳進化論，以求變法，再到陳獨秀等新青年派試圖通過科學態度和科學精神的倡導，以改造國民性，體現了一種明確的共同傾向：關注其經世致用的功利價值，即科學的外在價值，把科學當作解決問題的「工具庫」〔註10〕，杜亞泉也不例外，起初就力倡科學救國。

〔註7〕 胡適：《慈幼問題》，見姜義華主編：《胡適學術文集・教育》，北京：中華書局，1998年，第101頁。

〔註8〕 張君勱等著：《科學與人生觀》，瀋陽：遼寧教育出版社，1998年，第52頁。

〔註9〕 陳旭麓：《「戊戌」與啟蒙》，《學術月刊》，1988年第10期，第44頁。

〔註10〕 丁鋼：《全球化視野中的中國教育傳統研究》，南寧：廣西師範大學出版社，2009年，第164～174頁。

二、杜亞泉科學技術「固握政治之樞紐」的歷史意蘊

甲午海戰之後，中華民族危機大大加深。滿懷愛國憂患意識的杜亞泉深諳訓詁之學與帖括之學一樣，「亦無裨實用」，決定「求實學、濟天下」，於 1900年創辦《亞泉雜誌》，在《亞泉雜誌‧序》中疾呼「科學救國」：「但政治與藝術之關係，自其內部言之，則政治之發達，全根於理想，而理想之眞際，非藝術不能發現。自外部觀之，則藝術者固握政治之樞紐矣。航海之術興，而內治外交之政一變；軍械之學興，而兵政一變；蒸汽電力之機興，而工商之政一變；鉛印石印之法興，士風日闢，而學政亦不得不變。且政治學中之所謂進步，皆借藝術以成之。」〔註 11〕在此，杜亞泉所說的「藝術」，即是「科學技術」。他坦言科技與政治的關係：科技是政治的基礎，科技進步爲國家富強的根本。這就與嚴復所倡導的「有用之效，徵之富強，富強之基，本諸格致」〔註 12〕的思想一脈相承，可謂「科學救國」的先聲，無疑給當時風行一時的「政本藝末」論當頭一棒，表明他已擺脫「中體西用」的拘囿，催國人猛醒，堪爲獨具慧眼。

關於科學技術與社會政治孰輕孰重的問題，中國近代有幾位著名學人有過切身體悟，思想也發生過急劇轉變。例如，魯迅、郭沫若起初就認爲科學技術至上，投身科技實學研究，而後來認識到社會政治才是救國之本。原先從醫的郭沫若有過這樣一段回憶：「自信是愛祖國的，學醫爲的是想學點實際本領來報國濟民。那時的口號是『富國強兵』，稍有志趣的人，誰都想學些實際的學問使國家強盛起來。因而對文學有普遍的厭棄。我就是在這種潮流下被逼著離了鄉關，出了國門，雖然有傾向於文藝的素質，但存心要克服它，這就是我所以要學醫的原故。」〔註 13〕但他後來覺悟到拯救國人靈魂比醫治身體更重要，所以才轉行從事文藝。無獨有偶，梁啓超也認爲文藝是政治宣傳的最好工具，所謂「欲興一國之國民，必興一國之小說」，小說家就是最好的政治家，政治的作用遠遠能超越科學。與之迴異的是，當時嚴復就秉持相反觀點，他說：「政本藝末也，滋所謂顛倒錯亂者矣。且其所謂藝者，非指科學乎？名、數、質、力四者皆科學也。其通理公例，經緯萬端，而西政之善

〔註 11〕 杜亞泉：《〈亞泉雜誌〉序》，《亞泉雜誌》創刊號，1900 年 11 月。

〔註 12〕 嚴復：《救亡決定論》，見吳雁南編：《中國近代社會思潮》，福州：福建人民出版社，1990 年，第 323 頁。

〔註 13〕 郭沫若：《郭沫若文集》第 7 卷，北京：人民文學出版社，1958 年，第 57 頁。

者，即本斯而立。……是故以科學爲藝，則西藝實爲西政之本。設謂藝非科學，則政藝二者，乃並出於科學，若左右手然，未聞左右之相爲本末也。」〔註14〕認爲西方國家的強大建基於各種科學理論和技術之上。不過梁啓超的思想後來轉向了「藝重政輕」論。他說：「這幾年所謂新思潮、新文化運動，最流行的莫過於講政治上、經濟上的各種「主義」，所謂『西裝式的治國平天下大經綸』；次流行的莫過於講哲學、文學上的各種『精神』，所謂『大餐式的超凡入聖大本領』。並非此類學問不該講，但須將其建設在科學基礎上。現在的青年對科學的興味總不如其他方面濃，這是多年社會心理的積蔽，『藝成而下』的舊觀念牢不可破。直到今日，還是最愛說空話的人，最受社會歡迎。做科學的既已不能如別種學問之可以速成，而又不爲社會所尊重，誰肯埋頭再學它呢？」〔註15〕呼籲國人潛心從事於科學技術研究。由此可見，杜亞泉是承嚴復、梁啓超之餘緒，與嚴、梁不同的是，杜亞泉對科學技術重要性的評述是分層次的：內部、外部兩個方面，並例舉了科學技術發達後，社會政局所發生的變化。先有理論分析，後有事實論證，邏輯嚴密，順理成章，符合學理規範，極富說服力和感染力，進一步鞏固和夯實了國人對科學技術在社會發展中重要地位的理性認識。

值得一提的是，相對於「中體西用」論而言，從形式上看，杜亞泉的「藝重政輕」論是與洋務派的「中體西用」論在科學技術與社會政治的關係問題上持相反觀點：即認定科學技術至上，社會政治居於從屬地位。但從內容上看，「中體西用」論所強調的是：以中國傳統倫理文化爲主，即以中國的綱常名教作爲決定國家社會命運的根本；以西方科學技術爲輔，即學習近代西方的科學文化，舉辦洋務新政，以挽回消王朝江河日下的頹勢。它表徵著社會政治與科學技術之間是主次關係。而杜亞泉所倡言的科學技術「固握政治之樞紐」、「政治學中之所謂進步，皆借藝術以成之」，則凸顯出科學技術居於基礎地位，與社會政治之間是決定與被決定的關係。和以往相比較，這就不僅提升了科學技術的地位，而且更重要的是，這種由「主次關係」轉換爲「決定與被決定關係」，有力地戳穿了洋務派維護清朝封建統治的意圖，使人們更加清晰明朗地認識到發展科學技術，開展科學教育的重要性、必要性和迫切性。

〔註14〕嚴復：《嚴復詩文集》，北京：人民文學出版社，1959年，第141頁。
〔註15〕梁啓超：《科學精神與東西文化》，《科學》第9期，1922年。

客觀地說，洋務派倡導「中體西用」論，一方面需要極力表白中學在禮教立國中具有主導作用，另一方面又需要闡明西學在富國強兵上具有不可替代的價值。即需要努力論證中西文化可以互補相融，中國固有文化可以通過採納西學而增益新智、煥發生機。然而，隨著國家半殖民地化局勢的日益惡化和人們對於中國貧弱癥結所在以及資本主義國家富強成因認識的加深，「中體西用」論的局限性便日益顯露出來。「它在理論上的失誤在於以中西分體用，在於在中西文化衝突中力圖保持中國傳統文化的本體或主導地位。此外，如果用『體用』這對範疇看科學本身，我們可以說，科學之『體』在知識層面就是它的理論體系；科學之『用』就是它的各種社會功能。按著我們的傳統，體用之分這一刀下去，只能是棄科學之體，取科學之用。」〔註16〕杜亞泉的「藝重政輕」論根本不談什麼是科學之「體」，哪個為科學之「用」，更談不上去「切」科學的「體」或者「用」，而是從整體上去認識科學技術在社會系統中的基礎性地位和決定性作用，這就使他從「中體西用」的思維窠臼中走了出來，賦予科學技術和社會政治之間關係以全新的理解。

誠然，杜亞泉秉持社會本位的價值取向，把科學作為救國的工具，關注其「經世致用」的功利價值，這就對科學作了淺層次的解釋，屬於「器物科學觀」的範疇。錢智修對此作過明確的解釋：「功利主義之評判美德，以適於適用與否為標準。……功利主義之學術，以應用為前提矣。」〔註17〕從某種意義上說，杜亞泉的這種科學觀是一定程度上的實用主義表現。……杜亞泉批評新文化運動急功近利，實際上他自己對科學也作了一種功利主義的解釋，卻在自覺不自覺之中把科學當作富國強民的經濟手段。〔註18〕陳獨秀曾反擊道：「功利主義與圖利貪功，本非一物」〔註19〕，「《東方》記者『是』誤以貪鄙主義為功利主義」〔註20〕，「不明功利主義之價值及其在歐美文明史上

〔註16〕 樊洪業：《耶穌會士與中國科學》，北京：中國人民大學出版社，1992年，第237頁。

〔註17〕 錢智修：《功利主義與學術》，陳崧編：《五四前後東西文化問題論戰文選》，北京：中國社會科學出版社，1985年，第48頁。

〔註18〕 歐陽正宇：《杜亞泉的科學救國思想及成就》，《甘肅社會科學》，2002年第5期，第153頁。

〔註19〕 陳獨秀：《再質問〈東方雜誌〉記者》，《東方雜誌》第15卷第6號，1918年6月。

〔註20〕 陳獨秀：《再質問〈東方雜誌〉記者》，《東方雜誌》第15卷第6號，1918年

之成績」〔註 21〕。其實，文化激進主義者是把科學作爲一種社會或宇宙哲學來看待的，這種科學觀已經超越了科學的具體涵義，而更重視科學對社會改造或建設的功能，力圖把科學的態度帶進包括精神文化特別是倫理道德的全部文化領域中，培養國民科學地認知世界和事物的求實態度以及理性方法。由是觀之，杜亞泉對對方的責備是欠妥的。〔註 22〕無獨有偶，《科學雜誌》宣稱：「夫工商所以富國，國富而後強；科學應用所以發達工商，工商發達而後國富；然則科學應用乃救國上策，至此將如天經地義，爲用不磨滅之論矣。」〔註 23〕杜亞泉與中國科學社的思想在此是相當合拍的。

　　當然，這也是「救亡圖存」時局之需所使然。面對列強的武力威懾，在器物技術的層面上優先產生認同是再自然不過的事，任何人都無法超越自己所處的時代，況且也並非杜亞泉一人這樣認識科學教育的社會救亡價值。《瓦特傳》的作者王本祥就曾疾呼：「吾草瓦特傳，吾願吾國民知實業爲生產競爭之鐵甲艦、開花彈，而理科（科學）又爲實業之基本金。急起而實行之，勿貽後日不能自存之悔也」〔註 24〕；「通世界萬國，有急劇的戰爭，有和平的戰爭，或戰以工，或戰以農，要莫不待助於理科。是故，理科者，實無形之軍隊，安全之爆彈也。凡國於斯土者，能戰勝於斯，則其國強、其民富；不能戰於斯，則其國弱、其民貧。」〔註 25〕馬君武在對比了中國與西方發達國家社會發展方面的巨大反差以後，由衷地感慨道：「西方以科學強國強種，吾國以無科學亡國亡種。嗚呼！科學之光，其斯匪古。及今效西方講學之法，救祖國陸沉之禍，猶可爲也。」〔註 26〕他們同樣看重了科學在救國方面的實用價值：科學是關乎國家興衰、民族存亡最有力的工具或武器。也正如張準所言：「道咸以後，吾國屢挫於外，舉國人士，以舊之不足恃，群思變法，汲汲以輸入西學爲務。……其目的不在科學本體，而在製鐵船造火器，以制勝

　　　　6 月。
〔註 21〕陳獨秀：《再質問〈東方雜誌〉記者》，《東方雜誌》第 15 卷第 6 號，1918 年
　　　　6 月。
〔註 22〕歐陽正宇：《杜亞泉的科學救國思想及成就》，《甘肅社會科學》，2002 年第 5
　　　　期，第 153 頁。
〔註 23〕葉建柏：《科學應用論》，《科學》，1911 年第 2 期。
〔註 24〕王本祥：《汽機大發明家瓦特傳》，《科學世界》第 9 期，1904 年 7 月。
〔註 25〕王本祥：《論理科與群治之關係》，《科學世界》第 7 期，1903 年 8 月。
〔註 26〕馬君武：《新學術與群治之關係》，《馬君武集》，武漢：華中師範大學出版社，
　　　　1991 年，第 198 頁。

強敵，謀富強救國之策。」〔註27〕鴉片戰爭以後，西方的「堅船利炮」成爲一種征服性的強悍文化，它意味著進步，這種進步被認爲是科技的結果，於是科技成爲進步的象徵，這就很自然地使國人把關於目的的價值問題轉換成關於（達到那些目的的）手段的價值問題，即價值的工具化。擺脫列強束縛、屹立於強國之林的「民族的自由」是中國特色「現代性方案」的首要課題。〔註28〕

杜亞泉辭世後，胡愈之對其「藝重於政」的思想作了評價：「這是三十五年前所作的文字，在那時先生已揭發生產技術決定了政治和社會關係。……單從這裡，就可知先生是怎樣的一個前進的學者了。」〔註29〕可謂一語中的、不偏不倚。

毋庸置疑，杜亞泉早期對科學技術的看法基本上是正面的，對於科學救國抱以樂觀的態度。同時，在救亡圖存的時代要求下，杜亞泉從「改革人心」和「袪世人迷信」兩個層面詮釋了科學教育的思想啟蒙價值。

第二節　杜亞泉與中國近代科學教育啟蒙論

科學教育的對象是人，近代國人在認識到科學教育工具性層面的社會救亡價值的同時，也逐漸將目光放置在對人的觀念心理層面的改造上，即逐漸意識到科學教育對人的思想啟蒙價值，儘管洋務派當時還沒有眞正領悟到或者不願意論及科學教育的精神價值，但科學教育本身所蘊含的這種職能是無法被遮蔽的。概括起來，人們認爲科學教育的價值不僅在於救亡圖存，促進國富民強，而且可以更新、改變人的價值觀念和思維方式，促進個人幸福和社會進步。

一、近代國人論科學教育的思想啟蒙價值

（一）洋務派：科學教育阻擋不住對傳統倫理觀念的衝擊

洋務派倡導科學教育，僅僅從工具性層面上提出和論證了科學教育的合

〔註27〕　張準：《科學發達略史》，見舒新城編：《近代中國教育思想史》，北京：中華書局 1932 年版，第 279 頁。

〔註28〕　丁鋼：《全球化視野中的中國教育傳統研究》，南寧：廣西師範大學出版社，2009 年，第 164～170 頁。

〔註29〕　胡愈之：《追悼杜亞泉先生》，《東方雜誌》第 31 卷第 1 號，1934 年 1 月。

理性：學習西方的科學知識能夠挽救和維護清朝統治。他們認為，中國傳統的綱常名教不會受到科學教育的衝擊，科學教育不會影響到人的精神世界，因而洋務派尚未看到科學教育與人的發展之間的內在關係。

其實，「中體西用」的主導思想從根本上決定了洋務派的科學教育只有「用」的價值。「在洋務知識分子中，格致之學似乎被賦予兩重規定。較之堅船利炮，它已超越了器、技而向道靠近；就價值領域而言，它則仍在道之外。」〔註 30〕這就意味著洋務派對西方科學的認識已從堅船利炮的物質層面上升到了格致之學的知識形態層面，但是他們沒有發現科學知識的學習同時也會對傳統的人倫文化構成潛在的威脅。洋務派興辦的洋務教育吸收和容納科學教育，客觀上多少改變了中國人的傳統價值觀念，使科學知識對人的心靈的影響在某種程度上得以顯現。他們倡導科學教育的目的是維護舊的價值觀念，企圖以科學教育的實用性來彌補科舉教育的空疏無用。但是科學教育一經興起，就不但顯示出工具性意義上的社會救亡實用價值，而且也對傳統的倫理價值觀念產生了衝擊，到後來資產階級維新派改革教育時，科學教育的價值取向就發生了變化，雖說就終極的目的來說指向的依然是社會的救亡目標，但已不再聚焦於「船堅炮利」的物質工具層面，而是上升到了思想啓蒙的高度。

（二）維新派：科學教育能夠「煉心積智」、「開瀹心靈」

如前所述，隨著維新思想家更多地將目光由形而下的器與技，轉向了思想、觀念、制度等層面，與之相應，對科學的理解和闡發，也往往與世界觀、思維方式、價值觀念等相聯繫，至此，科學獲得了世界觀意義，在科學方法論層面引導人們去改造世界。尤其是嚴復，其興趣點不僅僅限於進化論這一具體科學的層面，他關注的不是進化論的科學內涵，而是其普遍的社會啓蒙意義。他已開始將科學教育的價值定位在社會思想啓蒙層面。「嚴復奠定了新時代思想家們把現代科學作為一種價值體系而接受的基礎。」〔註 31〕他認為學習科學有「煉心制事的價值」，強調科學方法，特別是「內導」，即歸納法和「外導」，即演繹法，具有「冶煉心能」的作用，即能夠變換人的「心智」，促使人的思想觀念發生轉變。

〔註 30〕 楊國榮：《科學的形上之維》，上海：上海人民出版社，1999 年，第 94 頁。
〔註 31〕 〔美〕郭穎頤：《中國現代思想中的唯科學主義》，雷頤譯，南京：江蘇人民出版社，1989 年，第 3～4 頁。

就教育與社會關係而言，嚴復認爲科學教育具有富強國家、救亡圖強、提高民族素質的工具價值，反映了他的科學救國論的思想。就教育與人的發展關係而言，嚴復認識到了科學教育具有促進人的發展的人文價值，即「煉心積智」、「開淪心靈」、「變吾人心習」的作用，於是他提出了以「開民智爲第一要義」的主張。科學教育的這種雙重價值取向已反映出維新知識分子在科學教育價值認識問題上的深化。相對於洋務運動時期對科學教育的那種工具性價值取向來說，以嚴復爲代表的維新派在科學教育價值取向問題上，其視野已大大地擴展了，他們在不同程度上認識到科學對人心性的改造與提升作用以及對傳統人倫文化的改造作用。

（三）20世紀初：科學教育具有精神發展價值

當科學被視爲一種普遍的價值——信仰體系時，它似乎就有君臨一切的權威：不僅是救亡圖存的實用工具，而且是反抗「吃人禮教」的思想武器，可以提升人的精神境界。蔡元培對此有深刻的論述，在當時頗具代表性。他認爲：「教育者，立於現象世界而有事於實體世界也。故以實體世界之觀念爲其究竟之大目的，而以現象世界之幸福爲其達於實體觀念之作用。」〔註32〕他對教育本質的認識，既吸收了嚴復強調教育「鼓民力、開民智、新民德」的社會功能，又融會了王國維突出教育追求眞、善、美和諧發展，實現個人價值的個體發展功能。

蔡元培的教育理念使他對科學教育的價值有多方面的理解（見圖1：蔡元培關於科學教育價值問題的思考）。

圖1：蔡元培關於科學教育價值問題的思考 〔註33〕

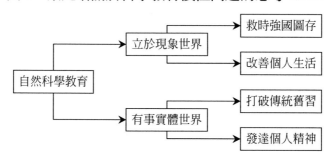

〔註32〕 高平叔：《蔡元培全集》第 3 卷，北京：中華書局，1984 年，第 133 頁。
〔註33〕 劉德華：《科學教育的人文價值》，成都：四川教育出版社，2004 年，第 164頁。

　　科學以物質世界作為變革的對象，具有經濟發展價值，同時科學也以主體（社會主體和個人主體）的觀念作為變革的對象，通過觀念的轉換而改變社會的思想觀念與個人的精神世界。科學教育具有多維度的價值：第一，科學教育立於現象世界表現為實利主義教育。面對民國初年百業凋零、人民生活極端貧因的現實，實利主義教育具有雙層的實用價值，於國家可以發展資本主義經濟，「為救時之必要」，促進國家的繁榮富強；於個人可以改善生活，使個人獲得幸福。第二，科學教育有事於實體世界就表現為改變人的思想觀念，於社會可以改造傳統宗法人倫文化，「打破二千年來墨守孔學的舊習」，於個人可以發達人的精神。「智育則屆精神方面。精神愈用愈發達……蓋人之心思細密，方能處事精詳。而習練此心思使之細密，則將賴於科學。」〔註34〕從根本上講，科學的實用價值只是其思想、精神價值的結果。蔡元培對科學教育的價值取向應該說是比較全面的，他從個人與社會兩個視角來審視科學教育的價值，既看到了科學教育的實用價值，又認識到了科學教育的精神價值。

　　大致說來，20 世紀初，人們對科學教育發展價值的認識有兩個層面的涵義：科學教育能轉換社會思想觀念、滿足個體精神發展的需要，培養新的國民人格。

　　其一，科學教育具有轉換社會思想觀念的價值。

　　新文化運動伊始，一批激進的思想家就鮮明地樹起科學與民主兩面大旗，對傳統的宗法人倫文化展開了凌屬的攻勢。他們以科學為武器，反思傳統文化，對封建主義的愚昧和專制進行了徹底的揭露與批判，對傳統的人倫文化教育十分反感，認為那是吃人的教育。以重視人自身的存在為起點，以個人價值這一核心問題為突破口，已意識到科學教育與人的精神世界的相關性。魯迅認為科學教育的根本力量在於「立人」。當時反對科學的人其實是不講科學，或故意混淆科學與非科學的界限，把不是科學的謬論說成是科學的知識，然後對科學大肆攻擊。科學教育一旦使人理解了大自然的真相，不再迷信鬼神，那麼傳統的綱常倫理就失去了統治的前提。無論是對科學的有意曲解，還是對科學的無意識的誤解，那些傳統的衛道士都害怕科學知識的傳播。魯迅站在反封建禮教的立場，明確提出科學教育具有解放思想的精神價值。

〔註34〕 高平叔：《蔡元培全集》第 3 卷，北京：中華書局，1984 年，第 8 頁。

新青年派思想家都試圖以科學的精神實現社會思想觀念的轉換。用科學改造社會、重建文化、變革思想觀念，已成了當時的一種時代意向。正是科學具有變革傳統文化思想觀念的價值，20 世紀的「賽先生」才成爲文化思想領域革命的重要旗幟。

其二，科學教育具有促進個體精神發展的價值。

新文化運動的思想家已清醒地深感，以儒家經典爲主要內容的宗法人倫教育已不能承擔起塑造新國民的文化使命，新的國民需要新的精神。他們認爲當時的科學知識教育是僅僅是死讀幾本理科教科書，這樣的科學教育根本不可能培養他們所期望的新人。正是在新文化衝擊與傳統價值體系的解構過程中，一些教育家從科學教育中發現了培養新國民所需的精神資源。在思想與文化領域所樹立的「科學」與「民主」的大旗下，積極提倡科學教育，從不同的側面闡述了科學教育促進個體精神發展的價值。

像蔡元培就認爲，科學教育是「養成共和國民健全之人格」所必需，可以形成人的道德品質和科學的世界觀，「研究進化之階段，可以養道德，體驗造物之萬能，可以導世界觀。」〔註35〕可見，在蔡元培看來，科學教育可以促進人的精神發展。從傳統文化的局限性來說，科學教育可以使人擺脫愚昧無知的狀態，從封建迷信中解放出來；從時代的發展性來說，科學教育有助於形成健全的人格。

20 世紀初的科學派在「科玄論戰」中，多方面論述了科學對人生觀的積極影響。人生觀往往被認爲是人文領域的問題，人文精神集中地體現在人生觀上，但科學派認爲科學可以影響和塑造人生觀，實際上是道出了科學教育內合著人文價值。科學派人物極力提倡科學教育，批判傳統文化的片面性，對科學教育在促進個體的精神發展方面有較多的闡述。胡適希望學生不但用科學的道理來解釋本地的種種迷信，並且還要實行破除迷信的事業。如求神合婚、求仙言、放焰口、風水等等迷信，都該破除。學生不來破除迷信，迷信是永遠不會破除的。他把破除迷信的希望寄託在學生身上，實質上意味著科學教育具有消除迷信、解放思想的價值。他甚至認爲科學教育可使人生充滿詩意、美感和幸福。「空間之大只增加他對於宇宙的美感；時間之長使他格外明瞭祖宗創業之艱難；天行之有常只增加他制裁自然界的能力……總而

〔註35〕 蔡元培：《對於教育方針之意見》，見陳學恂編：《中國近代教育文選》，北京：
　　　　 人民教育出版社，1983 年，第 328 頁。

言之，在這個自然主義的人生觀裏，未嘗沒有美，未嘗沒有詩意，未嘗沒有道德的責任，未嘗沒有充分運用『創造智慧』的機會。」〔註 36〕胡適已認識到了各門科學對人生觀的影響，雖有走極端化之嫌，但他的片面性的觀點也映像出思想的深刻性。學習科學在某些方面確實可以促進入的思想觀念的變化，而且是一種積極的變化。胡適在 20 世紀之初能認識到這一點無疑是難能可貴的。任鴻雋也認爲科學教育的價值在於改變人的心智。「科學於教育上之重要，不在於物質上之智識，而在其研究事物之方法，而在其所與心能之訓練。科學方法者，首分別事類，次乃辯明其關係，以發見其通律，習於此者，其心嘗注重事實，執因求果，而不爲感情所蔽，私見所移。所謂科學的心能者，此之謂也。此等心能，凡從事三數年自然物理科學之研究，能知科學之真精神，而不徒事記憶模仿者，皆能習得之。以此心能求教學，而學術乃有進步之望，以此心能處世，而社會乃立穩固之基，此豈不勝於物質智識萬萬哉！」〔註37〕任鴻雋強調，科學教育的目的不僅僅在於讓學生獲得科學知識，更重要的在於科學方法的養成。這種注重事實不爲感情所蔽的態度就是一種理性的求是態度，不爲私見所移是一種公平精神，他稱之爲「科學的心能」。學生有此「科學的心能」。用以求學可以取得學術成果，用以處世，社會可以有穩定的基礎。科學精神維度的教育可以建構良好的精神品格。

與其他科學教育思想家相呼應，杜亞泉之所以終生致力於科學教育事業，就是因爲在他身上有一種強烈的愛國憂民的歷史責任感。認定科學教育具有社會救亡價值，體現出他的愛國情懷；而其憂民意識的表徵則是他還堅信科學教育能促使國民的精神得以發展，富含思想啓蒙意義。

二、杜亞泉論科學啓蒙

近代以來，國人一次次的反帝鬥爭、一次次的變法新政並未扭轉中國的岌岌可危之勢，同時國民的麻木懵懂之狀依舊。順應歷史發展的要求，杜亞泉認爲，社會改革仍然是時代的主潮，而改革的根本點在於人心之改革，人心之改革需要發揮教育的作用，加之人們迷信之習未減，思想啓蒙乃時代急務，因而必須在教育中契入科學的因子，由此才能完成社會改革和破除迷信的任務。基於此，杜亞泉論證了科學教育的啓蒙意義。

〔註 36〕張君勱等著：《科學與人生觀》，瀋陽：遼寧教育出版社，1998 年，第 22～23 頁。
〔註 37〕任鴻雋：《科學與教育》，《科學》第 1 卷第 12 期，1915 年。

（一）科學教育具有實現「人心之漸漬改革」的價值

近代中國，要求社會改革的呼聲一浪高過一浪。辛亥革命完成了人們夢寐以求的制度變革，但國人依然生活於民主流產的「共和幻想」時代。按照胡適的說法，自 1910 年至 1917 年的短短 7 年間，中國政治先後「革了三次命，朝代也換了幾個了」〔註38〕。針對「武人干政、黨人爭權」的「假共和」時局，杜亞泉認爲「眞共和」可謂「可望不可即」，但是國人「皆以要求眞共和爲標幟，是其目的故無不同也。」〔註39〕那麼，如何實現「眞共和」呢？杜亞泉傾向社會改革：「近二三十年以內，社會變動之狀況，雖左旋右轉，方向不同，而以其改革爲動機則一也。社會間稍有智慧之人士，其對於社會之運動，雖溫和急進，而其以改革爲目的則一也。改革云者，實吾儕社會新陳代謝之機能，而亦吾儕社會生死存亡之關鍵矣。」〔註40〕尤爲重要的是，杜亞泉力倡教育是社會改革的根本。「眞共和之成立，不外二因。一爲國內農工商業之發達，二爲國民教育之普及……教育足以發揮吾儕改革社會之希望與志願者。」〔註41〕早在維新變法時期，嚴復就曾覺察到「爲今之計，惟急從教育上著手，庶幾逐漸更新乎！」〔註42〕與之相通，杜亞泉堅信教育是實施社會改革的最穩妥的方案。

誠然，改革首先所要關注的，就是對象問題，即改革誰——當然是要對「人」改革，因爲「人」是社會改革的主體。杜亞泉深諳社會是由個人組成的，社會改革其實就是對個人的改革。「社會者，個人之集合體，個人完成，而後社會乃能進步。吾儕欲改革社會，而不從個人著手，不從自己之個人著手，不揣其本而齊其末，則其改革之結果，亦惟有增官僚之腐敗，縱黨人之暴亂已耳，於社會何益之有哉！……吾儕不改革自己之個人，而侈言改革社會，是實吾儕之大誤也。」〔註43〕杜亞泉把社會改革的著力點投向了人的觀念心理層面，以個人之改革來成就社會之改革，篤信只有造就、培育有覺悟、

〔註38〕 胡適：《胡適文存》第 4 卷，合肥：安徽教育出版社，2003 年，第 639 頁。

〔註39〕 杜亞泉：《眞共和不能以武力求之論》，《東方雜誌》第 14 卷第 9 號，1917 年9 月。

〔註40〕 杜亞泉：《個人之改革》，《東方雜誌》第 10 卷第 12 號，1914 年 6 月。

〔註41〕 杜亞泉：《眞共和不能以武力求之論》，《東方雜誌》第 14 卷第 9 號，1917 年9 月。

〔註42〕 嚴璩：《侯官嚴先生年譜》，《嚴復集》，北京：中華書局，1986 年版，第 1550頁。

〔註43〕 杜亞泉：《個人之改革》，《東方雜誌》第 10 卷第 12 號，1914 年 6 月。

有良好品格和素養的現代新型國民，才是實現「眞共和」的基礎和救濟社會的根本。這與新青年派將觀念心理深處的倫理覺悟作爲社會變革的根本要素旨趣一致。

毋庸置疑，杜亞泉突出強調了個人改革的迫切性、重要性，努力實現自身的現代化，以促進中國社會變革，進一步凸顯了教育的社會職能。「在整個國家現代化發展的過程中，人是一個基本因素，也並不是現代化過程結束後的副產品，而是現代化制度與經濟賴以長期發展並取得成功的先決條件。」〔註44〕杜亞泉啓發和誘導人們：進行「漸漬的人心之改革」，「就目前中國現狀而爲治標之策，則必以開通知識爲前提，而尤以普瀹常識爲急務。」〔註45〕即必須在教育中注入科學因素，充分發揮科學教育的啓蒙價值，才能完成社會改革的艱巨任務。

另外，杜亞泉在《個人之改革》一文中指出：「吾儕之個人，當改革之使成如何之個人乎？其一曰衛生，使身體全健，機官發達，於體格上得成爲個人。其二曰養心，使知情意各方面調和圓滿，於精神上得成爲個人。身心無缺陷矣，然欲立身社會，表現個人之能力，則不可不具相當之學藝，故其三曰儲能。大之如文事武備，小之如應對灑掃，凡屬普通應用者，皆當習之；於學理上之研究以外，尤當爲實地之試驗。但學藝雖備，而欲效用於世，尤不可不持之以亹勉，出之以忍耐，故其四曰耐勞。人生斯世，一日不食則饑，一日不衣則寒，每日得衣得食，則每日必出若干之勞力以爲酬。」〔註46〕其中，他所談及的要求國人「學藝」、「儲能」就透視出必須加強科學教育，提高和增進個人生活以及應對社會變化的能力。繼而他通過一則對比，「與西洋社會中之個人相接觸，則其身體之強健，精神之活潑，技能之熟練，服務之精勤，無在不足使吾儕相形而見絀，於此而不發生改革個人之思想者，非狂人即愚者矣」〔註47〕，進一步指出了培養「技能之熟練」國民的迫切性。這必然需要向人們傳授科學知識、訓練科學方法，等等。

杜亞泉立足於對社會改革需要的分析，以「人心之改革」爲支點，先引入教育，繼而拋出科學，層層遞進，環環相扣，將開展科學教育的迫切性和

〔註44〕〔美〕阿歷克斯·英格爾斯著，殷陸君譯：《人的現代化》，四川人民出版社，1985年，第69頁。

〔註45〕杜亞泉：《論中國之社會心理》，《東方雜誌》第9卷第9號，1913年3月。

〔註46〕杜亞泉：《個人之改革》，《東方雜誌》第10卷第12號，1914年6月。

〔註47〕杜亞泉：《個人之改革》，《東方雜誌》第10卷第12號，1914年6月。

重要性闡釋得淋漓盡致。他對「人心」的關注，可謂抓住了科學教育問題的核心，與陳獨秀等宣揚的以科學教育實現「倫理之覺悟」異曲同工。另外，杜亞泉站在社會改革的立場上，將科學教育放置在整個社會大系統中來論述科學教育對個人發展的精神價值，這是十分正確的考察理路。

誠然，科學教育作爲社會大系統中的一個子系統，其作用的發揮必然要受到整個大系統和其他社會子系統的影響和制約，它們之間的關係是相互的。杜亞泉一方面看到了科學教育對社會改革的推進作用，另一方面卻未論及社會改革對科學教育的反作用。

事實上，當時國人「人心之改革」還有另外一層含義：亟需從麻木、懵懂的狀態中走出來，即祛除迷信，這也是科學教育的啓蒙價值所在。

（二）科學教育具有祛除個體迷信的價值

近代中國的廣大國民生活在處處受制於自然力的鄉村裏，絕大大數被拒之於學校以外，以求神拜佛爲日常功課，因而科學館在都市裏雖已有建立，但總是門庭冷落；而科學館對面的神廟，則香火鼎盛。迷信是愚弄近代中國勞苦大眾的大敵，它首先體現在人們的愚昧（不覺醒）狀態上。試看魯迅的雜文《藥》，它描述了華老栓以人血爲「藥」，爲兒子治病，但結果卻送了兒子的命，落了個人財兩空，深刻批判了國民的迷信、落後、不覺醒，堪爲「吹向沉默於寒冽社會之國民的啓蒙主義熱風」。魯迅旨在通過倡導實施科學教育，使人們「獲一斑之知識，破遺傳之迷信，改良思想，補助文明」〔註48〕。「救亡與革新（變政）固然每每是激動人心的狂瀾，而啓蒙的激揚理性，啓迪民智，反對專制，反對迷信，反對愚昧，在於改變中世紀的生活方式、觀念意識、倫理精神、行爲模式與思維方式，對兩三千年的中國傳統社會來說，是具有特殊意義的。從某種意義上說，啓封建之蒙，啓傳統之蒙，對衝破經過長時期的歷史積澱而成的、已滲入骨髓的凝固化的文化潛網，對植根於傳統小農社會的觀念意識和倫理精神的根本性改造或創造性轉換，是比救亡、革新更艱巨的任務。」〔註49〕破除迷信，高揚啓蒙已迫在眉睫。

毫無疑問，科學是促使人們擺脫愚昧，推進近代國民啓蒙的重要因素。誠如馬克思所指出的，啓蒙也是近代化的理論先導，是傳統社會向近代社會過渡過程中不可忽視的一個重要環節。其實，辛亥革命後中國的文化危機、

〔註48〕 魯迅：《魯迅全集》第 10 卷，北京：人民文學出版社，1981 年，第 151 頁。
〔註49〕 陳旭麓：《「戊戌」與啓蒙》，《學術學刊》，1988 年第 10 期，第 43 頁。

政治失序更加劇了科學啓蒙的複雜性和曲折性，也凸顯了重視科學教育啓蒙價值的必要性和緊迫性。

杜亞泉痛斥迷信，並從科學理論上予以揭穿，成爲中國近代反迷信、倡科學隊伍裏的重要成員。他認爲宇宙萬物可分爲物質、生命、心靈三種：「無物質之生命，則爲佛爲仙；無生命之心靈，則爲妖爲鬼，是皆初民之想像，宗教之寓言而已。」〔註50〕他疾言厲色地痛斥當時各種迷信活動，直指官廳，「近世科學昌明，讖緯之談，已爲多數所擯斥。舊時迷信及傳說之訛誤，一時固未能全除，然官廳文告，則不宜再行唱導，致人民愈滋迷誤，深願各官署機關之加以審愼也」〔註51〕，猛烈抨擊「假託名義，因緣爲奸，依附鬼神，欺蒙漁利」〔註52〕的惡劣之舉；爲破除流行的「龍之復活」說，他特意撰文解釋龍和蟂螈的關係，以「欲祛世人關於龍之迷信」〔註53〕。

與其相映成趣的是，陳獨秀所嚮往的新教育是「棄神而重人，棄神聖的經典幻想，而重科學的知識和日常生活的技能……我們相信尊重科學、實驗科學，破除迷信妄想，是我們現代社會進化的必要條件。」〔註54〕陳獨秀在1917年所撰的《再論孔教問題》一文中，便明確主張「以科學代宗教」。胡適認爲傳統的宗法人倫教育「挫折個人的個性，壓制個人自由獨立的精神」〔註55〕。胡適在《科學與人生觀・序》中，也自稱爲「信仰科學的人」，作爲信仰的對象，科學在某種程度上已具有了世界觀的意義。新青年派則更多的拿科學作爲一種普遍的價值──信仰體系，以批判的態度，力求破除國人的迷信觀念。而杜亞泉著意從科學認知上祛除人們的迷信思想頑疾，頗顯紮實可信，有說服力，更易使國民接受這一「科學」的「清涼劑」，有力地推動了人們觀念的更新和科學意識的滋生。

其實，迷信還有另外一種含義：盲從。新文化派主張大力介紹西方先進的科學理性與思想文化，並對舊的傳統與文化進行反省批判與價值重估，使國民時時事事「訴之科學法則，以定其得失從違」〔註56〕。「文化調和派」

〔註50〕 杜亞泉：《物質進化論》，《東方雜誌》第2卷第4號，1905年4月。
〔註51〕 杜亞泉：《迷誤之告文》，《東方雜誌》第15卷第10號，1918年10月。
〔註52〕 杜亞泉：《慈善事業》，《東方雜誌》第12卷第10號，1915年10月。
〔註53〕 杜亞泉：《蟂螈與龍之關係》，《教育雜誌》，1917年12月。
〔註54〕 陳獨秀：《敬告青年》，《青年雜誌》第1卷第1號，1915年9月15日。
〔註55〕 胡適：《易卜生主義》，見葛懋春編：《胡適哲學思想資料選》上卷，上海：華東師範大學出版社，1981年，第62頁。
〔註56〕 陳獨秀：《敬告青年》，《青年雜誌》第1卷第1號，1915年9月15日。

的代表人物章士釗也深諳消除國民迷信的重要性和緊迫性，他在《噫迷信（一九一二年三月二十六日）》一文中強調，國民迷信不除，實無道進於文明。對此，杜亞泉是從理性科學精神角度加以詮釋的，開闢了科學啓蒙的另一個路徑。

綜觀杜亞泉與中國近代科學教育價值觀，科學教育具有社會救亡和思想啓蒙的雙重價值，科學教育的價值取向呈現出多元化的歷史特徵。科學教育的價值取向既指向社會主體，又指向個人主體；既指向社會物質生產方面的經濟發展，又指向社會思想觀念的轉換；既指向個體的物質生活和生存能力，又指向個人的精神發展。多元化的價值取向反映出國人對科學教育價值認識的逐步深刻化和具體化。然而，在國家民族生存危機的強壓下，滿足社會的需要總是優先於滿足個體的需要，科學教育的社會救亡價值總是壓倒它對個體精神發展的價值。

從杜亞泉對科學教育價值觀的認識中，不難看出，科學救國論在其整個價值觀體系中佔據主導地位。首先，從他對社會救亡與思想啓蒙問題關注的時間先後上可得到印證：反映他科學救國理念的第一篇文章就是 1900 年發表在《亞泉雜誌》創刊號上的《亞泉雜誌·序》，而其闡述涉及科學啓蒙的開篇之作則是 1917 年 9 月刊載於《東方雜誌》第 14 卷第 9 號上的《眞共和不能以武力求之》。其次，從杜亞泉的科學傳播實踐來看，他潛心編辦雜誌、編著（譯）自然科學書籍、興學授課，爲的是啓蒙國民，提高人們的科學素養，以推進中國社會的現代轉型。其最終旨歸在於實現救亡圖存。救亡必然壓倒啓蒙、啓蒙服務於救亡是中國近代歷史發展所使然，也是杜亞泉在中國近代科學教育價值觀問題上所表現出的時代特徵和個性特質。

第三章　杜亞泉與中國近代科學教育目的論

　　陶鑄何種素養的近代國民是杜亞泉從事科學教育所要著力解決的核心問題。他主張不僅要塑造「理性國民」，而且要培育專業技能與道德品質兼備的「科學的勞動家」。這一蘊含「中西文化調和」性質的科學教育目的論是杜亞泉對中國近代科學教育的獨特貢獻，閃耀著理性的睿智和光芒，至今依然熠熠生輝。

第一節　杜亞泉與中國近代「理性國民塑造」論

一、中國近代「理性國民塑造論」的嬗變軌跡

（一）新文化運動前：在論述國民概念中，略及理性

　　鑒於遭受封建專制主義統治甚久，絕大多數中國人沒有基本的國民意識，不知道「國民」為何物，更談不「理性國民」：「中國人不知有國民也，數千年來通行之語，只有國家二字並稱者，未聞有以國民二字並稱者。」〔註1〕直至戊戌變法慘敗後，先覺者才幡然醒悟，認識到國家的強弱歸根到底取決於國民素質的高低。誠如梁啓超所言：「國民者，以國為人民公產之稱也。以一國之民，治一國之事，定一國之法，謀一國之利，捍一國之患，其民不可得而侮，其國不可得而亡，是之謂國民。」〔註2〕他把國民與國家聯繫在一起，指

〔註1〕　梁啓超：《飲冰室合集》文集之四，北京：中華書局，1989年，第56頁。
〔註2〕　梁啓超：《飲冰室合集》文集之四，北京：中華書局，1989年，第56頁。

出了二者的不可分離性和相互依賴性，特別強調國民個體與國家整體之間的統一性，從國家與國民關係的角度闡明了理性國民的一些本質特徵。

隨著中西文化交匯的逐步深入，國人對理性國民概念的認識水平也在日益提升。例如，刊發在《湖北青年界》雜誌上的《中國當重國民教育》一文就明確指出：「國民何謂也，事言之，凡爲國之一民，其身即國之一分子，不放棄一分子之責任者，即可謂之國民。理言之，有獨立之精神，有合群之性質，有自主之品格，有進取之能力，有協圖公利之思想，有不受外界抑制之氣魄，才足以爲國民。」〔註3〕辛亥革命時期，以孫中山爲首的資產階級革命派提出了近代民主制度下的「國民」概念，將理性國民認識向前大大推進了一步。1905年《同盟會宣言》倡言：「所謂國民者，一國之人皆有自由、平等、博愛之精神，即皆負革命之責任。」〔註4〕

（二）新文化運動：倡揚在教育中引進科學，增進國人理性

理性是相對於感性和感情用事來說的。感情、感性是外界事物在人的頭腦中引起的反映。感情、感性是具體的、個別的、特殊的；而理性則是相對抽象的、整體的、一般的。它是對多次感性認識的一種總結與提升和指導人們如何對待外界（自然界和其他人類）對於自己行動的反饋的一種度量與標準。通俗地說，理性反應了人類企圖儘量客觀地尋求眞理和判斷眞理的一種思維系統與程序。

在西方，理性指的是尋求、推導、論證眞理的一種特殊的思維程序：作出結論要有根據，而且要遵循一定的推理規則。這個規則是指形式邏輯（機械邏輯），而邏輯的根據可以是人們公認的公理，可以是客觀事實或是客觀規律，這就是形式邏輯、就是理性的具體規範了。所謂形式邏輯，就是從已知的眞理出發，經過怎樣的推理規則的運作，可以保證得出達到新的眞理。

近代國民素質的高低關乎國家民族的生死存亡。「一個時代需要一個時代的國民，近代文明總是與近代國民的理性覺醒相伴而行，用滯留於中世紀的國民來推進近代文明的發展和近代社會的新陳代謝是不可想像的。」〔註5〕沒有理性國民，就沒有近代中國社會的轉型。

〔註 3〕 梁景和：《清末國民意識與參政意識研究》，長沙：湖南教育出版社，1999年，第11頁。

〔註 4〕 孫中山：《孫中山選集》上卷，北京：人民出版社，1956年，第68～69頁。

〔註 5〕 陳旭麓：《「戊戌」與啓蒙》，《學術月刊》，1988年第10期，第43頁。

近代中國，理性國民究竟應該具有哪些素養，直至新文化運動時期「國民改造論」提出後，才眞正提上議事日程，有了較以往具有啓蒙意義革命性的突破。陳獨秀早在 20 世紀初就在《安徽俗話報》上撰文論及中國國民的劣根性問題。他說國人「只知道有家，不知道有國」和無自覺心──「只知道聽天命，不知道盡人力」〔註6〕，國民性異常薄弱，尤其是「抵抗力之薄弱」。久而久之，國民性就發展爲一種「奴性」。換句話說，就是缺乏獨立自主人格和眞實自由個體精神，沒有自己的思想與信念，習慣於盲從或隸屬他人。鑒於對國民劣根性的認識，陳獨秀提出了理性國民的基本素養：追求個性人格獨立，但絕非離群索居者和極端利己主義者，而是「內圖個性之發展，外圖貢獻於其群」〔註7〕的個人。這是挽救「抵抗力薄弱」之國民奴性的對症之藥。以陳獨秀爲代表的新青年派高舉「民主」和「科學」兩面大旗，力圖將「民主」和「科學」精神植入國民心理層面：「國人而欲脫蒙昧時代，羞爲淺化之民也，則急起直追，當以科學與人權並重。」〔註8〕其意在於充分發揮科學自身所賦有的探究眞理的本能，用科學武裝國人頭腦，從而增強其對事物作出客觀判斷而不是憑感情衝動而武斷作出抉擇的意識和能力。

由此觀之，起初我國近代先知先覺者對理性概念的理解頗爲膚淺，因而僅僅論及到像獨立人格、自主精神等較少內容的關於理性國民的品質構成。1919 年新文化運動爆發，推動了對科學與理性之間關係認識的深化。爲了培養人們以合理的邏輯推理規則思維的習慣，在對國民心理層面的改造上，新青年派力倡必須引入科學因素，促使國人因理性意識的增強而觸發思想觀念的深層次變革，從而造就出科學意義上的眞正的理性國民。毋容置疑，在理性國民塑造問題上，中國近代思想家們對科學契入教育中增強國人理性意識與能力迫切性和重要性的認識是一步步深入的。

二、杜亞泉論塑造「理性國民」

爲塑造「理性國民」，杜亞泉首先對不適於現代社會發展進步的當時中國國民性的種種缺陷和不足，作了中肯分析和批判，繼而提出了關於理性國民

〔註6〕　陳獨秀：《陳獨秀著作選》第 1 卷，上海：上海人民出版社，1993 年，第 81～85 頁。

〔註7〕　陳獨秀：《陳獨秀著作選》第 1 卷，上海：上海人民出版社，1993 年，第 186 頁。

〔註8〕　陳獨秀：《敬告青年》，《青年雜誌》第 1 卷第 1 號，1915 年 9 月 15 日。

所應具備的素養。

（一）「理性國民」的內涵

1、重「原理」

杜亞泉認為，中國國民的最大特徵是重「現實」。「蓋吾國民之心理，常注重於現在之事實，而於事實之原理，則常忽略之而不顧也。」即以利害為標準而不依是非而判別，繼而明確指出，我國國民務必「採歐人千餘年來發明之原理，而以現實的心理陶鑄之，則今日之所謂原理者，他日未必不著為事實。」具體教育辦法是：一要「惟理性馬首是瞻」，二要以「和平中正為指導」。具體說來，就是「務宜力求平正，切中事情，毋騖高遠，毋尚精深，毋見彈求炙而涉及張皇，毋懲羹吹薤而流於激烈，庶理性得和平中正之指導。」〔註9〕

2、有「共同概念」

杜亞泉認為，中國國民「人心渙散」，「今本此意以返觀吾國，則人心龐雜而無折衷之公理也，眾志紛歧而無共循之塗轍也。……人人各以其愛憎為好惡，利害為是非」，致使「全國思想之彷徨悵觸，而不衷一是。」因而他深感，中國國民特別需要具備「共同概念」，所謂「共同概念」是指「必其人民與人民間，意識思慮大致相同，好惡愛拒不甚懸隔，判斷事理既無顯著之差違，辨別是非復鮮反覆之矛盾，夫而後群策群力，相繫相維，而國本於以奠定焉，則國民共同之概念是也。」杜亞泉十分崇尚「共同概念」的作用，將其認定為「立國之基」，「國於天地，必有與立，不僅賴人民、土地、政治之備具已也。其所以能結合而成為國家，不虞渙散者，……然則人類國家，不可無共同概念，以為立國基礎，固當然而無疑義者矣」，繼而提出了陶鑄國民「共同概念」的教育策略：因勢利導，「是故善為國者，一方面熟察人民之概念，順其勢而善用之；而他方面則又默化潛移，養成人民同一之概念。……以真理正義，導誘人民，養成其優美純一之概念。」只有這樣，「庶全國合為一體，政府與國民，亦有指臂相聯一之概念，對內對外，均足保持其獨立之資格，而不致失墜也乎。」〔註10〕

誠如梁啓超所言：「人人獨善其身者謂之私德，人人相善其群謂之公

〔註 9〕 杜亞泉：《共和國體與國民心理》，《東方雜誌》第 9 卷第 5 號，1912 年 11 月。

〔註 10〕 杜亞泉：《國民共同之概念》，《東方雜誌》第 12 卷第 11 號，1915 年 11 月。

德。……吾中國道德之發達，不可謂不早，雖然，偏於私德，而公德殆闕
如。……我國民中無一人視國事如己事者，皆『公德』之大義未有發明故
也。……今吾中國所以日即衰落者，豈有他哉，束身寡過之善士太多。」
〔註11〕為此，他得出結論：「我國民所最缺者，公德其一端也。」〔註12〕在梁
啓超看來，近代國民所應具備「國家思想」、「權利義務思想」以及「進取冒
險」、「自由」、「自治」、「合群」等意識，即「己過之有公教育也，所以養成
一種特色之國民，使之結為團體，以自立競存於優勝劣敗之場也。」〔註 13〕
同時他還倡導國民具備「獨立自尊」意識：「凡一國之能力於世界，必有其國
民獨具之特質，上自道德法律，下至風俗習慣、文學美術，皆有一種獨立之
精神，祖父傳之，子孫繼之，然後群乃結，國乃成，斯實民族主義之根底源
泉也。」〔註 14〕他將整個中華民族看成異於其他國家民族的「個體」，這就與
杜亞泉在國民「共同概念」的闡發上不僅有諸多趨同之處，而更為明顯的
是，杜亞泉在明確了國民具備「共同概念」的必要性的同時，還倡導要保持
自身「個體」的獨立人格，與梁啓超的「新民說」交相輝映，共同推進著近
代國民改造。

3、有「精確正當穩健」的社會心理

杜亞泉認為，中國國民的社會心理是「幼稚而靜默」，「吾中國之社會心
理，從歷史上觀之，雖遞有改變，難為簡括之論定，然就大體而言，則中國
之社會心理，乃幼稚而又靜默者也。凡所以表示情意者，尤難僕教，以云幼
稚似非定評。且其間學術思想之變遷，人情風俗之嬗蛻，升降隆污，代為轉
移，而一治一亂之動機，往復循壞，曾無數百年之寧靜，尤為顯著之事實，
則靜默云云，恐亦未為本確論。」這種靜默的國民社會心理，嚴重阻礙了社
會的進步和發展，「且此大多數，曩時尤能自安於靜默，無所主張，今則囂
然並起，競欲有所表見，為盲從、為妄動，而意思情感所以發見種種不正當
不穩健之狀態，釀成社會之紛擾者」，因而，培養國民「精確正當穩健」的社
會心理已為勢所必需。對此，杜亞泉提出教育方案：「諸法互用，以教育為
本」，「社會心理學家所稱改善社會精神者，有倫理的改善、宗教的改善、審

〔註11〕梁啓超：《飲冰室合集》文集之四，北京：中華書局，1989 年，第 12～14 頁。
〔註12〕梁啓超：《飲冰室合集》文集之四，北京：中華書局，1989 年，第 12 頁。
〔註13〕梁啓超：《飲冰室合集》文集之四，北京：中華書局，1989 年，第 53 頁。
〔註14〕梁啓超：《飲冰室合集》文集之四，北京：中華書局，1989 年，第 6 頁。

美的改善、政治的改善、經濟的改善、教育的改善之種種，且必須諸法互用，乃能收美滿之效果，此故根本上改善之方法。然就中國目前現狀而爲治標之策，則以開通知識爲前提，而尤以普瀹常識爲急務。……則倫理、宗教、審美、政治、經濟改善諸方法，亦宜隨機應用，不得以以教育爲當務之急，而概棄其餘也」，只有這樣，「則中國社會心理，其或有精確正當穩健之一日。」〔註15〕

（二）評價

概而言之，杜亞泉基於對近代國民性實事求是的剖析，首先找出存在的問題，繼而提出改革方案，說理貼切，措施到位，不僅有針對性，而且有說服力，表現出了務實穩健的思想風格。

其中，他對國人重「現實」的表現——以利害爲標準而不依是非而判別，以及對「理性」重要性的強調，找到了問題的癥結所在，切中要害；他所言及的「共同概念」，與「以國爲人民公產」、「合群」、「協圖公利」等關於國家公共意識的思想相契合，正確合理；他要求國人胸懷「共同概念」，還需保持獨立「人格」，這不僅與梁啓超的觀點相通，而且與陳獨秀所倡導的「內圖個性之發展，外圖貢獻於其群」旨趣一致；呼籲國人棄「幼稚而靜默」，向「精確正當穩健」的社會心理，有力地鞭撻了國人一向所奉行的「感情決定行動」的思維模式，並對如何擺脫「爲情所困」樹立了可信的標杆。這些都是對中國近代理性國民塑造論的科學詮釋，並推出了自己獨到的理性概念：「原理」、「共同概念」、「幼稚而靜默」、「精確正當穩健」等命題，無疑豐富發展了理性國民塑造的思想寶庫。

除此之外，杜亞泉尤爲倡導培育融科學素養與道德品質於一體的「科學的勞動家」。

第二節　培育「科學的勞動家」

作爲中西文化調和論的倡導者，反映在科學教育目的上，杜亞泉基於對中國未來社會時局的判斷和發展的需要，主張培育科學素養與道德品質兼備的理想人格：「科學的勞動家」。

〔註15〕杜亞泉：《論中國之社會心理》，《東方雜誌》第 9 卷第 9 號，1913 年 3 月。

一、「科學的勞動家」提出的緣起

一戰爆發後，杜亞泉預言待戰爭結束後，政黨必滅、武人必滅，民主政治有望實現。爲什麼將會出現這樣的世局呢？他解釋說：「蓋此時期內之國家團體，對抗競爭，較今日更大爲劇烈。依科學及機械學之進步，新發明之武器，其勢力遠在意想以外。製造者與使用者，皆非專門不辦，而戰術爲之一變。且不但軍事上如是而已，經濟上之競爭，規模尤大，範圍尤廣。……自農業、工藝、交通、運輸諸事業，土木、機械、電氣諸工程，幾經研究改良，無一不須精密之知識與熟練之技能。於是社會中發生一有力之新階級，即有科學的素養而任勞動之業務者。此等科學的勞動家，以社會上之需要，日增月盛。國家社會間一切機關、職業，悉落於勞動家之手。故其時民眾，已非曩時朦朧無意之狀態。除少數坐食之富人及若干無業之貧民外，皆爲此有學識而任業務之人。」〔註 16〕換言之，他堅信未來社會是一個以專業技術爲驅動力的社會，各行各業都需要有科學素養的專門人才，他們是未來社會的中堅。其判斷符合科學自身發展的規律，也基於他對孟子「勞力者與勞心者」之說的認同，將其理解爲「科學分業」。杜亞泉認爲：「孟子曰：『有大人之事，有小人之事。』又曰：『勞心者治人，勞力者治於人。治於人者食人，治人者食於人。』孟子之言，即科學之分業說也。其告彭更之言，以通功易事爲主，梓匠輪輿與爲仁義者，皆以功而得食，分業之義尤明。蓋科學上分業之義，說明人類社會爲一有機體，與人之個體相同。人之個體，有各種器官，以行分業。」〔註 17〕

二、「科學的勞動家」內涵與特徵

（一）內涵

杜亞泉指出，能稱得上「科學的勞動家」者，必須具備兩個條件：第一需要有科學的素養，即「精密之知識與熟練之技能」；第二要在本行業（業務）任勞動。

早在創辦《亞泉雜誌》時，杜亞泉就教育國人，希望其成爲擁有科學知識與技能之士：「且吾更有說焉，設使吾國之士，皆熱心於政治之爲，在下則疾聲狂呼，赤手無所展布，終老而成一不生產之人物，在朝則衝突競爭，至

〔註 16〕 杜亞泉：《未來之世局》，《東方雜誌》第 14 卷第 7 號，1917 年 7 月。
〔註 17〕 杜亞泉：《勞動主義》，《東方雜誌》第 15 卷第 8 號，1918 年 8 月。

不可終日;果如是,亦毋寧降格以求,潛心實際,熟習技能,各服高等之職業,猶爲不敗之基礎也。夫日本固以改革政治而興者,今其教育社中之言曰:今日學生之趨向,欲當於應用之實務者甚少,可爲國家憂。」〔註 18〕他在《論今日之教育行政》中,從國民教育宗旨的角度強調了向國人傳授科學知識的重要性。「夫教育之基礎,當立於國民生活之上,不當立於官吏進身之上者也。……以謀生活之故而求教育者,當其在學校之時,所研究之學業,所懷抱之希望,無一不求其適於將來社會之生活,畢業以後,即爲獨立自營之國民。世界教育家之論普通教育也,於智育一方面,無不以教授生活上所必須之知識技能爲本旨,蓋以此也。」〔註 19〕

　　杜亞泉認爲,「科學的勞動家」是「任勞動之業務者」。杜亞泉十分贊同俄國大文學家托爾斯泰的關於勞動的信條:「人不可不勞動以自支生活,無論何人,不能有利用他人之勞動而奪其生產之權利。資本主之於工人,地主之於佃戶,君主官吏之於人民,皆利用其勞動而奪其生產者,是爲人類額汗上之寄生蟲。今勞動之人無一得自由者,而公然拋棄其人間之義務,利用他人之勞動,奪他人生產以生活之特權,則自古至今猶不能廢。擁護此僞特權而爲之辯護者,則僞宗教(即無基督教之眞神,離基督之教訓,而爲教會所行之僞宗教)、僞哲學(國家哲學)、僞科學之三者也。」他把勞動看作是人應盡的義務。同時,基於「科學分業」觀,他指出了人們從事勞動合理性和意義:「社會之中,有官吏,有學者,有農工商,亦所以行分業也。而分業之中,以精神與物質爲二大分野。官吏、政治家、學者,文藝家等,屬於精神方面,其他則爲屬於物質方面者。……夫人者,合精神與物質而成,故兩者不能偏用或偏廢。若區劃某某等使專爲精神的勞動,使某某等專爲物質的勞動,是猶使甲充其耳而專司視,使乙盲其目而專司聽,則二者皆爲廢人。……至於社會間之勞工,則宜減少其勞動時間,使之讀書報、聽演講、討論政治、探索哲理。如是調劑,於個人之爲益非淺,而社會間之各個人,亦自然漸躋於平等,無大人小人之分別。」〔註 20〕

(二)特徵

　　杜亞泉認爲「科學的勞動家」有兩大特徵:「新」與「有力」。

〔註 18〕 杜亞泉:《〈亞泉雜誌〉序》,《亞泉雜誌》創刊號,1900 年 11 月 29 日。

〔註 19〕 杜亞泉:《論今日之教育行政》,《東方雜誌》第 8 卷第 2 號,1911 年 4 月。

〔註 20〕 杜亞泉:《勞動主義》,《東方雜誌》第 15 卷第 8 號,1918 年 8 月。

　　首先，「科學的勞動家」是一個新生的階級。其「新」是與過去的舊勢力相比較而言的。杜亞泉指出：「舊勢力之代表，一爲武人，二爲官僚。……然則吾國新勢力之所在，吾人亦可以約略推測之。即其人決非生活於政治上欲分得舊勢力之一部而佔據之者，惟儲備其知識能力，從事於社會事業，以謀自力的生活；且其人亦決不欲得有勢力以排除他人，惟斤斤焉守其個人的地位，保其個人的名譽與信用，標準於舊道德，斟酌於新道德，以謀個人之自治。」〔註21〕他認爲這些人就是「科學的勞動家」的代表，是中國的新生命。

　　其次，「科學的勞動家」是一個有力的階級。所謂「有力」，杜亞泉認爲就是除了在數量上佔優勢之外，還必須具有生命力，即發展潛力，對社會的發展有較大影響力。他堅信，「科學的勞動家」在數量上會「日增月盛」：「除少數坐食之富人及若干無業之貧民外，皆爲此有學識而任業務之人」〔註22〕；「若此之人，自戊戌以來，幾如鳳毛麟角，不可一覯，而最近數年中，乃漸增其數。」〔註23〕更爲重要的是，「科學的勞動家」是未來社會的主力軍。杜亞泉深感不僅「國家社會間一切機關、職業，悉落於勞動家之手」〔註24〕，而且隨著「科學的勞動家」的日益增多，「此時以運動選舉、誘致多數爲能事之政黨，無復可施之伎倆，不得不退而聽若輩之命令。即平時戴鬼面以威嚇人民之武人，其所持之快槍巨炮，彼等既不爲之製造，亦不爲之使用，則亦嗒然若喪，無復維持之策。其形式的軍隊，乃不得不撤除；其演劇的戰鬥，乃不得不停止。於是國家的民主主義，一變而爲世界的社會主義。此時情狀，固非吾人所能預料。惟知此時無所謂軍隊，亦無所謂政治。人類生活所須之事物，供給之、分配之，排除其障害，增進其福利，皆爲社會事務。而數千年來爭權爭利之政黨與作威作福之武人，至此時已掃地以盡矣。」〔註25〕繼而他滿懷信心地對國人提出希望：「吾尤望吾朦朧無意之國民，注目於未來之大勢，預備爲科學的勞動家，以作二十世紀之主人焉。」〔註26〕

　　杜亞泉相信，未來社會的主體爲「科學的勞動家」之時，乃中國結束「假

〔註21〕 杜亞泉：《中國之新生命》，《東方雜誌》第15卷第7號，1918年7月。
〔註22〕 杜亞泉：《未來之世局》，《東方雜誌》第14卷第7號，1917年7月。
〔註23〕 杜亞泉：《中國之新生命》，《東方雜誌》第15卷第7號，1918年7月。
〔註24〕 杜亞泉：《未來之世局》，《東方雜誌》第14卷第7號，1917年7月。
〔註25〕 杜亞泉：《未來之世局》，《東方雜誌》第14卷第7號，1917年7月。
〔註26〕 杜亞泉：《未來之世局》，《東方雜誌》第14卷第7號，1917年7月。

「共和」時代之際。

三、「科學的勞動家」的道德素養

不容忽視的是，杜亞泉強調，「科學的勞動家」不僅要「儲備其知識能力，從事於社會事業，以謀自力的生活」，而且要「標準於舊道德，斟酌於新道德，以謀個人之自治」〔註27〕，即成為在中國社會現代轉型中漸占勢力的「自力自治」的新社會中堅。具體說來，他以四項標準來衡量現代新青年是否為眞正的「科學的勞動家」：衛生：「身體全健，機官發達，於體格上得成於個人」；養心：「知情意各方面調和圓滿，於精神上得成於個人」，即身心無缺陷；耐勞：「蓋勞力為個人皆當自盡之義務，非僅以謀衣食得酬報而為之也。」最為關鍵的就是「儲能」，這是「立身社會，表現個人之能力」之所需，即具備現代科學素養：「凡屬普通應用者，皆當習之；於學理上之研究以外，尤當為實地之試驗。」〔註28〕尤為值得一提的是，杜亞泉依據「標準於舊道德，斟酌於新道德」的要求，分別以「中國之古君子」與「世界之新人物」為範型，深入細緻地闡釋了「科學的勞動家」所必須具備的道德品質，其辯證的思維範式洋溢出鮮明的「中西文化調和」色彩。

（一）保「克己」特質，養「奮鬥」精神

杜亞泉認為，西洋物質文明的進步，源於其激進智慧、獎勵勞動之效的「奮鬥」精神，但難免縱慾的流弊；而中國傳統的「克己」處世方法，使人養成廉靜寡欲、恪盡職守之習，社會由此相忍相安，卻導致了社會貧弱。二者優劣各具。為此，他指出，只有調和「克己」與「奮鬥」，才能收到相輔相成之效，才能培育出「中國世界」品格兼備的國民；現代社會，僅知奮鬥而不知克己者，決不足以得幸福；而僅知克己而不知奮鬥者，亦決不足以免危險。所以，「吾東亞人民，欲於歐風美雨之中，免社會之飄搖，亦惟有保持其克己之特質，以養成其奮鬥之精神而已。」〔註29〕

（二）以理性克制欲望

杜亞泉認為，就個人道德而言，以追逐物欲為人生目的者決不可能得到

〔註27〕 杜亞泉：《中國之新生命》，《東方雜誌》第 15 卷第 7 號，1918 年 7 月。
〔註28〕 杜亞泉：《個人之改革》，《東方雜誌》第 10 卷第 12 號，1914 年 6 月。
〔註29〕 杜亞泉：《論社會變動之趨勢與吾人處世之方針》，《東方雜誌》第 9 卷第 10 號，1913 年 4 月。

幸福；物質生活過於貧乏或過於富足，都不可說是幸福；物質生活應以人生的必需爲限，若被欲望所驅使而不能以理性加以制止，則身心就會爲物所奴役，反而不能領略生活的眞趣而成爲幸福的障礙。因而，眞正的人生幸福，應當以理性克制欲望爲條件。〔註30〕

（三）愛與爭相平

杜亞泉認爲，爭即愛，愛即爭，有愛即有爭；爭由愛起，愛必有爭。其調和之道是：「欲馳其爭，宜平其愛」。換句話說，平愛之道即宜裁制愛而使其不得逾其量。〔註31〕

（四）互助與獨立相抱

在杜亞泉看來，中國崇互助的大家庭制，歐美尙獨立的小家庭制；互助的大家庭制有利於社會穩定，卻養成了人們依賴的積習；歐美國民成年後獨立自營其生活，晚年子女自立後則熱心社會公益；大家庭制對中國人道德爲害甚重。爲此，調和「補救之道，不可不於互助之制度中，採用獨立之精神。」〔註32〕

（五）個人與國家相濟

杜亞泉認爲，個人與國家雖然利害相聯，但二者各有界域。想使個人與國家和諧發展，必須明確二者的分際而保持其平衡。個人與國家之關係，應當先鞏固個人的地位；同時，個人有效力國家的責任。既不要強迫個人沒入國家，而流於國家主義之偏；也不要強制國家以遷就個人，而落於個人主義之弊。所以，處理個人與國家關係的要則是，「宜守定個人與國家之分際，毋使溢出範圍之外。」〔註33〕

由此觀之，杜亞泉秉持科學與道德相融通的「中西文化調和」之道，力求在中西之間尋求和諧共濟，以爲加快推進中國近代社會轉型注入新的生機與活力，意義深刻，頗有影響。「其以價值多元論立論，於中西道德價值的對立中尋覓其辯證的同一性，進而在相反相成的新舊道德之間，探求多元互補的調劑平衡之道。……中西古今之道德理念，無不根植於人性之一端，故而

〔註30〕杜亞泉：《論社會變動之趨勢與吾人處世之方針》，《東方雜誌》第 9 卷第 10 號，1913 年 4 月。

〔註31〕杜亞泉：《愛與爭》，《東方雜誌》第 13 卷第 5 號，1916 年 5 月。

〔註32〕杜亞泉：《家庭與國家》，《東方雜誌》第 13 卷第 3 號，1916 年 3 月。

〔註33〕杜亞泉：《個人與國家之界說》，《東方雜誌》第 14 卷第 3 號，1917 年 3 月。

道德之衝突具有人性之衝突的深刻根源。而對道德價值之取此舍彼的一元選擇，必落於人性之偏。中國傳統之偏弊，正在於其獨尊人之社會性，而重社群輕個體，尊克己貶奮鬥，尚互助抑獨立。而現代道德轉型之實質，則在於提升闡揚人的個性，以補救古代道德之整體主義一元獨斷的偏弊。」〔註34〕梁啓超在《十種德性相反相成義》中指出，大凡相互對立的德性，往往形表相反，精神相成，而同爲人類所不可或缺。獨立與合群、自由與制裁、自信與虛心、利己與愛他、破壞與成立，爲現代人應並具兼備的德性。〔註35〕杜亞泉科學與道德「調和」論與梁啓超倫理思想可謂一脈相承。很明顯，「科學的勞動家」所蘊含的特質透視出杜亞泉對於個人道德教育傾力十足。文化激進主義者道德的反傳統主義有除舊布新、矯枉過正的開新之意，而杜亞泉多元辯證的道德調和論也不乏溫和、周詳、穩健之風。

　　最能詮釋杜亞泉在科學教育目的上何以兼顧科學素養與道德品質有機統一的，莫過於他在執掌浙江南潯潯溪公學之時，在開學典禮上的演說中，給學生提出的希望與要求：「諸同學在校或他日出校之責任，第一當研求科學以補東洋文明之不足，第二研究固有之文明，與西洋之文明包含而化合之，以表章一絕新之文明於十九周之後，以爲東洋之特色，亦庶乎無愧爲今日東洋之男子耳。」〔註36〕他視學習西方科學技術與加強中國傳統道德教育爲責任，這是他首次闡發自己在中西文化關係問題上的立場，確立了他科學教育的基本旨趣。

　　在中國近代科學教育史上，蔡元培、魯迅、陶行知同樣有科技與道德相融合的目的論。與其相比較，杜亞泉「科學的勞動家」的歷史意蘊更能顯現出來。

　　蔡元培在實利主義教育中強調：「以人民生計爲普通教育之中堅。其主張最力者，至以普通學術，悉寓於樹藝、烹飪、裁縫及金、木、土工之中。」〔註37〕在此，他與杜亞泉所關注的開展與人民生計密切相關的實用科技知識

〔註34〕　高力克：《調適的智慧──杜亞泉思想研究》，杭州：浙江人民出版社，1998年，第101頁。

〔註35〕　梁啓超：《十種德性相反相成義》，《梁啓超哲學思想論文選》，北京：北京大學出版社，1984年，第48～56頁。

〔註36〕　杜亞泉：《潯溪公學開學之演說》，《普通學報》第4期，1902年2月。

〔註37〕　蔡元培：《對於新教育之意見》，《蔡元培全集》第2卷，北京：中華書局，1984年，第131頁。

教育相一致；在道德品質培養上，蔡元培的公民道德教育中的「道德」不是中國傳統的「三綱五常」等封建道德，而是近代意義上的公民道德。「何謂公民道德？曰法蘭西之革命也，所揭標者，曰自由、平等、親愛。道德之要旨，於是盡矣」〔註 38〕，推崇西方近代新道德。而杜亞泉不僅提供了「中國古君子」，而且還推出了「世界新人物」的道德範型，多少關乎了封建道德，當然更多的是倡導近代意義的公民道德。

魯迅的科學教育目的，是培育無迷信觀念、勇於向封建禮教開戰的革命鬥士，力求使國人能在世上有立足之地。他說：「想在現今的世界上，協同生長，掙一地位，即須有進步的智識、道德、品格、思想，才能夠站得住腳。」因此，必須「有科學頭腦和工藝的手」，否則，中國人就會被「從『世界人』中擠出」〔註 39〕。很明顯，他強調了「進步」的道德、科學的「頭腦」和工藝的「手」，比杜亞泉說的具體。

陶行知也一向強調手腦雙全的人，與杜亞泉相通的是，他也提到了「勞動者」：「工人」。「要想完成整個民族之普遍科學訓練，必得由全國的教師、家長、兒童、青年、民眾一起起來，把自己造成一個個手腦雙全的科學工人，前途才能放出光明。」〔註 40〕關於道德素養問題，陶行知極其重視科學道德教育，他特別強調要培養出為勞苦大眾服務的品德高尚的科學家。「在科學家的手裏掌握著人類之生殺權。用科學養人不用科學殺人，才是科學家之天職。若存著一個殺人的心去學科學，那便是世界上最大的惡人。」〔註 41〕他認為，「真正的科學家是追求科學的真理，拿著科學的火把救人。至於運用科學為個人或帝國主義爭奪權利，甚至殺人滅國也毫無顧忌，這叫做科學強盜、科學走狗、科學劊子手，我們是要重新為他們估估價了。」〔註 42〕在此，他呼籲受教育者必須明白：學科學要為大眾解除苦痛，為謀大眾幸福，而不是為少數人利用和享受；我們不是運用科學來殺害生靈，而是應該運用科學來使我們生活的更美好。杜亞泉「個人與國家相濟」的要求與陶行知勵志培育科

〔註 38〕 蔡元培：《對於新教育之意見》，《蔡元培全集》第 2 卷，北京：中華書局，1984年，第 131 頁。

〔註 39〕 魯迅：《魯迅全集》，北京：人民文學出版社，1981 年，第 301 頁。

〔註 40〕 陶行知：《全民族五大訓練——致徐篤仁》，《陶行知全集》第八卷，成都：四川教育出版社，1991 年，第 318 頁。

〔註 41〕 胡國樞：《中華本土教育家陶行知》，杭州：杭州出版社，2009 年，第 145 頁。

〔註 42〕 傅明偉等編：《世界名人格言精選》，上海：上海世界圖書出版公司，1997 年，第 475 頁。

第四章　杜亞泉與中國近代科學教育內容論

　　科學作爲一種文化形式，直至 19 世紀才有了迅猛發展。誠如任鴻雋所指出的：「夫當十五世紀時代，科學曾一度戰勝神學而爲學術界開一新紀元。當十八世紀時代，科學又一度戰勝古典文學而爲教育界開闢一新領土。」[註1]當任何一種文化發展到比較充分的階段，都會形成一套自身的技術器物體系和價值觀念體系，即「形而上」和「形而下」部份。科學也不例外。科學知識、科學手段、科學方法、科學組織、物化的科學成果等，都屬於科學的「形而下」；而科學思想、科學精神、科學信念、科學倫理、科學審美等組成的價值觀念體系，則屬於科學的「形而上」。也就是說，科學應當包括行爲、成果（理論的、技術的和物化的東西）價值觀、制度四個層面，其中價值觀、科學精神和理念、理想是科學之「魂」，屬於科學的形而上層面，而技術的、實證的或邏輯的東西是科學之「體」，屬於科學的形而下層面。科學的行爲、成果和制度都滲透著科學的價值觀、精神、理念、理想，科學是形而下和形而上兩個層面的有機統一。相應的，科學教育內容涉及具體層面的科學知識、科學方法和抽象層面的科學精神以及科學與其他文化因素的相互關係等問題。

　　作爲科學教育家和啓蒙思想家，杜亞泉畢生致力於中國近代科學傳播事業。他力主科學教育不僅重在傳播自然科學知識，而且要介紹自然科學與人文社會科學的知識體系及其之間的關係；呼籲重視科學實驗等科學方法的訓練；倡導培育理性科學精神；強調科學與道德相融合，以科學指導人生。其

〔註 1〕　任鴻雋：《科學教育與科學》，《科學》第 9 卷第 1 號，1924 年。

科學文化觀沿循「溫和漸進」的路線，彰顯出穩健的「調和」睿智。

第一節　杜亞泉與中國近代科學知識傳授

一、「對於自然科學的介紹，盡了當時最大的任務」

　　受甲午戰敗刺激，杜亞泉認為，科學技術是中國禦侮圖強的根本和國人現代生活的必備，倡言「工藝為一切事物之本」。除了反對「政本藝末」，力主政治（泛指人類社會生活、社會進步）的發達取決於科學技術的進步之外，杜亞泉篤信「科技興業」。他曾撰文說：「歐美事業所以有今日之勢力者，非短時間之產物也，必經由科學之闡明，技術之進步，知識之增進」〔註2〕；並在《工藝雜誌》序文中進一步強調：「鄙人向日讀譯籍之述西洋工藝者，輒心嚮往之，以謂工藝為一切事物之本。農之所產，賴工藝以增其值；商之所營，賴工藝以良其品；社會文化之興，工藝實助成之，故印刷捷而書報得以廣布，儀器精而科學得以發達（如顯微鏡之於黴菌學）」〔註3〕。他明確指出，受歐風美雨影響，國人的社會知識遠遠落後，其中又以常識，特別是科學知識最為缺乏。有鑑於此，杜亞泉特別建議學校傳授科學知識技能，以便學生畢業後能馬上適應社會生活和勞動，能夠獨立自營。

　　縱觀杜亞泉的科學傳播實踐，他對數學、物理、化學、生理學、心理學、動物學、植物學、礦物學等諸多學科均由推介，涉及領域相當廣泛。早在營辦普通學書室期間，杜亞泉就編輯出版了中國近代最早的礦物學教科書之一《普通礦物學》，加盟商務印書館後，他更是筆耕不輟，據1911年第1期《東方雜誌》所附《商務印書館出版圖書總目錄》統計，由杜亞泉主持編纂的自然科學教科書種類繁多（見表12：杜亞泉主持編纂的自然科學教科書）。

表 12：杜亞泉主持編纂的自然科學教科書

教科書類型	教科書數量
初等小學地理、算學、格致教科書	14 種 43 冊（本）
高等小學地理、算學、理科、農業、商業書本	16 種 63 冊
小學補習簡易數學、格致課本	2 種 3 冊

〔註2〕 杜亞泉：《消極之興業談》，《東方雜誌》第12卷第7號，1915年7月。
〔註3〕 杜亞泉：《〈工藝雜誌〉序》，《東方雜誌》第15卷第4號，1918年4月。

女學薄記教科書	1 種 1 冊
中學地理、博物、理化、算術、代數、幾何、三角法	83 種 101 冊
師范用書	15 種 19 冊
高等學堂教材	1 種 1 冊
實業課本	3 種 3 冊
初等小學算學掛圖	16 幅
高等小學地圖	3 幅
中學地圖冊	2 本
合計	135 種 234 冊 21 份

其中被官方審定通過的教科書佔據較大份額（見表 13：經杜亞泉主持編纂的被官方審定通過的教科書）。

表 13：經杜亞泉主持編纂的被官方審定通過的教科書

經「學部」審定通過的	初等小學有 7 種 22 冊，高等小學 6 種 29 冊，小學補習 1 種 1 冊，高等學堂 1 種 1 冊，實業 1 種 1 冊
經「總理學務大臣」審定通過的	初等小學 1 種 1 冊，中學 5 種 5 冊，師範 1 種 1 冊
二者之一審定通過的	掛圖、圖本，共計 3 種 18 幅（冊）
合　計	52 種 92 冊 18 幅（冊）

且大多廣爲流行，如《蓋氏對數表》1904 年 4 月初版，1917 年修訂第 11 版，1930 年修訂第 26 版，1951 年再版；小學《最新筆算教科書》（6 冊）、《最新格致教科書》（3 冊）曾風行一時。除此之外，他還參與主編多部工具書，像《辭源》中的理科詞匯條目的寫定、釋義是由他領導博物部同仁完成的；更爲重要的是，他領銜主編了《植物學大辭典》、《動物學大辭典》、《化學工藝寶鑒》、《小學自然科詞書》等大型工具書，並指導、協助編輯了《地質礦物學大辭典》。誠如謝菊曾先生回憶道：「杜亞泉主持下的理化部，便是專門編輯初小、高小和中學應用的各種理化、格致等自然科學和算術、三角、幾何、微積分等數學教科書，供全國大小學堂採用，對該館呈現不少貢獻。」〔註 4〕難怪有人由衷發出這樣的感歎：「當民國初元之時，國內科學教育漸見發展，所藉以爲推進之工具者，杜亞泉先生所編各種理化博物教科書，其重

〔註 4〕謝菊曾：《十里洋場的側影》，廣州：花城出版社，1983 年，第 29 頁。

要者也」〔註5〕;「杜亞泉先生提倡自然科學最早,三四十年來編著關於自然科學的書百數十種。」〔註6〕毋容置疑,談及西方近代自然科學知識在我國的傳播時,我們決不能忘懷杜亞泉。

從創辦《亞泉雜誌》,確立以「揭載格致、算化、農商工藝諸科學」為辦刊宗旨起,杜亞泉就把廣泛傳播自然科學知識作為職志,該刊除了主要刊登化學方面的論文外,還涉及數學、物理學、天文學、地學、生物學等內容。據張子高、楊根介紹,《亞泉雜誌》共計刊登論文 39 篇,其中化學 23 篇、數學 5 篇、物理 4 篇、其他如博物、火山、養蠶、地震等 7 篇。〔註7〕《亞泉雜誌》改為《普通學報》後,杜亞泉繼續將自然科學傳播引向深入,登載內容依然偏重理化,設 8 個欄目,其中像算學科、格物科、博物科等佔據雜誌較大篇幅。1902 年杜亞泉主編《中外算報》,這是中國近代第一份數學專業期刊,登載了不少有較高學術水平的數學方面的研究論文,極大地推動了當時我國數學研究和教育的發展;1903 年 3 月 29 日《普通學報》改為《科學世界》,以「發明科學基礎實業,使吾民之知識技能日益增進」為宗旨,設原理、實習兩大類欄目,內容遍及數學、天文學、物理、化學、地文、地質、機械、土木、電氣、美術等科〔註8〕。在他執筆《東方雜誌》期間,開闢「科學雜俎」、「理想小說」等科普之窗,宣傳自然科學一以貫之。

胡愈之先生對此作了總評,杜亞泉「對於自然科學的介紹,盡了當時最大的任務」〔註9〕。

二、融通自然科學與社會科學之間的關係

鑒於杜亞泉自身富有文理兼通的知識結構,再加之冷峻、理性的性情和科學的薰陶,更使杜亞泉顯得客觀、嚴謹,尤其是辛亥革命後,面對文化失序和時局離亂所凸顯的社會危機,基於重建中國未來文化的構想,杜亞泉「在胡適之前首開以科學方法治學的風氣」〔註10〕,除了孜孜於自然科學的傳播

〔註 5〕 張梓生:《悼杜亞泉先生》,《新社會》第 6 卷第 2 號,1934 年 1 月 16 日。
〔註 6〕 王雲五:《小學自然科詞書》序文,見《小學自然科詞書》,北京:商務印書館,1934 年,第 1 頁。
〔註 7〕 張子高:《介紹有關中國近代化學史的一項參考資料〈亞泉雜誌〉》,《化學通報》,1965 年第 1 期,第 55 頁。
〔註 8〕 史和:《近代報刊名錄》,福州:福建人民出版社,1991 年,第 356 頁。
〔註 9〕 胡愈之:《追悼杜亞泉先生》,《東方雜誌》第 31 卷第 1 號,1934 年 1 月。
〔註 10〕 王元化:《杜亞泉與東西文化問題論戰》,《文匯報》第 2 版,1993 年 9 月 21 日。

外，他還將自己對科學的思考拓展至社會科學領域，「在政治學、社會學、語言學、哲學方面，先生亦致力於科學思想的灌輸」〔註 11〕，在方法論層面擴大了科學教育的範圍和價值。

　　杜亞泉認爲，宇宙中的一切自然現象可分爲三類，即物質、生命和心靈，「此三象者」，是一切學術之根據，這「三象」關係密切，不能分離，由此「三象」產生的三大學科領域及統合三大學科領域的哲學，彼此之間也不可分離。〔註12〕並明確提出：「格致學者，爲格物與博物二科之總名。……格物學又分質、化學二科。博物學雖分四類，而大別爲無機、有機，即非生物與生物之二種。……論其應用，而農工商實業，及海陸軍學醫學藥學，無不受其影響；至形而上之學，在普通學科中，如歷史地志文學，皆爲其基址，而其歸宿，終不過二大部，即政治與政法學是也。」〔註 13〕他看到了自然科學與社會科學之間的相互關聯，試圖開展學科融通的科學教育。

三、力倡農村科學教育，移風易俗

　　在以農業人口占主導的中國，近代工業化的發展致使一些地方農民離鄉、農田被閒置，荒蕪起來，勞民傷財現象時有發生。對此杜亞泉主張用各種適當的方式，在農村大力開展科學教育，給農民帶去先進科學技術知識，移風易俗，使其能跟上世界科技發展的步伐。「世界日進於文明，則農村之娛樂，亦不能以舊有者爲限，亟宜隨時勢之需要，寓教育於娛樂，使農民略有相當之知識，以應外界之潮流。然新式娛樂，多有不適於農村，或爲農村財力所不克舉辦者，故不可不斟酌損益，因地制宜，以期程度之相合。如演講會、陳列所及影戲幻燈等，皆可參酌行之。……凡國內外穎異之新聞、人生應有之普通知識，以及農村工業上前進易明之學理、普通之衛生，與夫疾疫之預防及救治方法，均可入之於講演之中。」〔註 14〕繼而他以病蟲害防治、瘧疾預防、農具推廣等方面詳細闡明了在農村開展科學演講，移風易俗的意義。「某村農作苦於某種害蟲，則爲之講演某蟲之生態及驅除之法；某村多患瘧病，則爲講演瘧蚊傳染及避免之方；……若夫農事蠶事上改良之方法及用器，尤當製爲圖說，以資則效。模型價值較巨，勢難多備，但亦當擇其粗簡

〔註 11〕　胡愈之：《追悼杜亞泉先生》，《東方雜誌》第 31 卷第 1 號，1934 年 1 月。
〔註 12〕　杜亞泉：《物質進化論》，《東方雜誌》第 2 卷第 4 號，1905 年 4 月。
〔註 13〕　杜亞泉：《潯溪公學開校之演說》，《普通學報》第 4 期，1902 年 2 月。
〔註 14〕　杜亞泉：《農村之娛樂》，《東方雜誌》第 14 卷第 3 號，1917 年 3 月。

價廉，易於瞭解者，陳列數事。標本以農作物之益蟲害蟲爲主，使農人熟諳其形狀，隨時得以保護驅除。而動植礦之切於實用，或可增長知識者，亦附列焉。實物除足供農村之利用，如捕蟲燈、噴霧器，以及其他新式易於仿行之農織各器，均選擇陳列，且隨時演用外，凡遠地及附近地方與夫本區之優良農產物及農業製造物，皆羅列焉，以兼收展覽品評之作用。」〔註 15〕這些論斷符合當時我國農村實際現狀，十分貼近農村生活需要，有利於農村科普教育的開展。

儘管杜亞泉沒有陶行知「使做工種田的人，拾垃圾的孩子，燒飯的老太婆也能享受近代科學知識，要把科學變得和陽光、空氣一樣普遍，人人都能享受」〔註 16〕的「科學下嫁」運動搞得轟轟烈烈、影響深遠，但他懷著科學救國的高度的民族責任感，較早地將目光投向農村，關注民生，力求以科學教育之舉改善民生，反映出作爲一位科學傳播者的歷史使命：將科學思想「灌輸」至每一個需要的角落，爲清除國民愚昧之「積垢」發揮其最大效用。

四、強調以科學指導人生

辛亥革命後，政壇搖擺不定，人們在「共和國體」下，依然忍受著「專制政治之痛苦」，精神焦躁不安。爲此，杜亞泉引入心理學的「適應」概念，勸勉國人接受新事物要有一個心理過程：共和是一新生事物，隨著時間的推移，對共和熟知，有了主體意識後，紛擾就會自然消解。

爲挽救國人因受進化論影響，陷入生存競爭不能自拔的局面，杜亞泉從物理學、生物學、心理學諸學科中汲取思想營養，力倡物質進化論，「宇宙間事事物物，類別之爲三：曰物質，曰生命，曰心靈。綜括之曰現象。宇宙間三者之外，別無現象，則所謂定理定法者，即在此現象之中；所感所知者，亦感知此現象而已。故此三象者，一切學術之根據。其直接研究之記載者爲物理學、生理學、心理學。以此三科爲根據地，應用其材料，而有種種工藝、航海、機械之學，醫藥、衛生、農林、畜牧之學，倫理、論理、宗教、教育、政法、經濟之學；又統合三科，研究其具此現象之實體，而有哲學。」〔註 17〕細細觀之，杜亞泉是想向人們「表明宇宙之內，覺性之中，無非三象；然此三象者，雖各具特別性能，而又不可分離。蓋必有物質而後有生命，有生命

〔註 15〕 杜亞泉：《農村之娛樂》，《東方雜誌》第 14 卷第 3 號，1917 年 3 月。
〔註 16〕 童富勇等編：《陶行知傳》，北京：教育科學出版社，1991 年，第 207 頁。
〔註 17〕 杜亞泉：《物質進化論》，《東方雜誌》第 2 卷第 4 號，1905 年 4 月。

而後有心靈。有無生命無心靈的物質，無無物質之生命；有無心靈之生命，無無生命無物質之心靈。」〔註18〕顯然，這是一種樸素的唯物主義宇宙觀，對撫平當時國人迷亂的心理無疑起著「導向」和「鎮靜」作用。

第一次世界大戰爆發後，他轉而對中國固有的道德文明充滿信心，對西方科學的負面影響進行了深刻反思。杜亞泉形象地利用數學等差級數規律描述中國「修齊治平」的道德觀。「東西洋文明之差別，言者各有所見。予以為東洋社會中，有一普遍之法則，為其組織社會之基礎，固結深藏於各人之心裏，以為應付社會之準則，此法則予號之為差等法。差等二字，著於《孟子》。墨者之道，愛無差等，孟子拒之，儒者之教義，其精神實在乎此。差等之法，以自己為社會之中心，由親以及於疏，由近以及於遠，若算學中等差之級數然。……吾國古時已實行其差等法於政教中矣。《大學》以修身、齊家、治國、平天下為等差，《論語》以修己、安人、安百姓為等差，《孟子》以親親、仁民、愛物為等差。總之以自己為此級數中之首項，以禽獸草木土石等自然物為級數中之末項，而其中間各項級數之先後，則可以自然之理法、科學之系統證明之；……至於西洋社會，非不能發見此差等法，但不普遍之應用於政教，有時級數倒亂，中心點不定，常致兩中心點互相衝突。」〔註19〕繼而，他以生物學、生理學理論術語，對東西洋文明作了生動、獨到的評判：「西洋文明，濃鬱如酒，吾國文明，淡泊如水；西洋文明，腴美如肉，吾國文明，粗糲如蔬，而中酒與肉之毒者，則當以水及蔬療之也。」〔註20〕

由此觀之，杜亞泉不僅僅是在向人們說明自然科學與人文社會科學之間是互相融通的，而且更重要的是對國人施以人生觀的科學教育。

面對新文化運動激烈的反傳統給國人帶來的價值迷茫，杜亞泉審時度勢，以科學思想引導國人加強自身修養，激發人生鬥志，認為「陳舊之道德，不足以警其心；迷信之宗教，不足以畏其志。救濟之道，當在哲學。」〔註21〕曾先後譯介叔本華的《處世哲學》、賴澍氏的《不平安慰法》，勸勉國人，尤其是年輕人要以不懈的奮鬥和堅強的意志磨練自己的精神，塑造高尚的自我。

〔註18〕 杜亞泉：《物質進化論》，《東方雜誌》第 2 卷第 4 號，1905 年 4 月。
〔註19〕 杜亞泉：《差等法》，《東方雜誌》第 12 卷第 4 號，1915 年 4 月。
〔註20〕 杜亞泉：《靜的文明與動的文明》，《東方雜誌》第 13 卷第 10 號，1916 年 10 月。
〔註21〕 杜亞泉：《談色納嘉幸福論書後》，《東方雜誌》第 12 卷第 8 號，1915 年 8 月。

最能說明杜亞泉給國人以科學的人生指導的，莫過於編撰《人生哲學》。
〔註22〕該書原係杜亞泉在中學演講的講稿，後來擴充而成為高中教科書，為
其晚年精力所萃之作。它基於心理學、生理學、社會學的學科知識，落腳於
倫理學，以引導學生人生發展為主旨，希冀能幫助學生在社會急劇轉型時期，
把握人生前進方向，樹立科學的人生觀。「以生命為萬有中心，尤其以人類的
生命為萬有中心而創設的哲學。……自從這唯生論的哲學即人生哲學創設以
後，生物學、心理學、社會學、倫理學、政治學的理論，皆形成一貫。分之
為各科之學，合之即為一貫之道。且此等各科學中一切學派學說，皆可根據
唯生論已勘定其價值。」〔註23〕他在編輯大意中這樣寫道：「就生物學、心理
學、社會學、哲學、倫理學等科學中，搜輯其新穎警切的理論，每周為學生
講述一次。……鄙人乃取搜輯的材料，加以擴充與整理，編為此書，名《人
生哲學》。哲學本以統一各科學的知識為職志；現代哲學，尤以生物學、心理
學、社會學為基礎，而應用方面，尤注重於倫理學。是書即擷取上述各科學
的精義，而以人生的發展為中心，把此等科學，聯成一片，使青年學生，於
萬有科學中，得約略窺見其根柢。〔註24〕它一經問世，就受到知識界的推崇。
蔡元培在《書杜亞泉先生遺事》一文中說：「中學教科之人生哲學，本為舊日
倫理學教課之改名，舊日倫理學中，雖亦有關於衛生及養心之說明，然皆甚
略。先生此書，說機體生活及精神生活，占全書三分之一，以先生所治者為
科學的哲學，與懸想哲學家當然不同也。先生既以科學方法研求哲理，故周
詳審慎，力避偏宕，對於各種學說，往往執兩端而取其中，如唯物與唯心、
個人與社會、歐化與國粹、國粹中之漢學與宋學、動機論與功利論、樂天觀
與厭世觀，種種相對的主張，無不以折衷之法，兼取其長而調和之，於倫理
主義取普泛的完成主義，於人生觀取改善觀，皆其折衷的綜合的哲學見解也。
先生之行己與處世，亦可以此推知之。」〔註25〕而張梓生在《悼杜亞泉先生》
一文中回憶，其「曾費年餘心力，著《人生哲學》一書，搜集各家之說而參

〔註22〕 該書目前國內有兩種版本，第一種是杜亞泉著：《杜亞泉‧人生哲學》，北京：
北京大學出版社，2009 年版；第二種是杜亞泉著，田建業編校：《杜亞泉著作
兩種：博史‧人生哲學》，北京：新星出版社，2007 年版。
〔註23〕 杜亞泉：《人生哲學》，上海：商務印書館，1934 年，第 3～4 頁。
〔註24〕 杜亞泉：《人生哲學》，上海：商務印書館，1934 年，第 3～4 頁。
〔註25〕 蔡元培：《書杜亞泉先生遺事》，《新社會》第 6 卷第 2 號，1934 年 1 月 16
日。

以己意，頗爲士林所推重。」〔註26〕

　　由此看來，杜亞泉倡言調和折衷的生活理念，「余終覺先生始終不肯以數理自域，而常好根據哲理，以指導人生，改良社會；三十餘年，未之改也。」〔註27〕「先生在中國學術界中，無論就自然科學言，就社會科學言，就文哲思想言，固皆有其適當之地位也。」〔註28〕他以科學素養評析人生，堪爲中國近代科學教育史上的典範。

　　鑒於科學是一種與人類自身發展前途命運息息相關的充滿人類理想和激情的社會實踐活動，故而它代表了一種最根本的人文精神。科學教育不僅具有工具性價值，而且具有人文價值。英國著名科學家和科學教育家赫胥黎很早就提出了「全面的科學教育」的目標。誠然，科學與人生的關係，既體現了科學的文化功能，也透露出科學的文化含義或科學文化的內隱眞相，也說明科學文化和人文文化在本質上是一致的或相通的。〔註29〕與其相通，任鴻雋在《科學與教育》一文中曾提出這樣一個命題：「無科學知識者，必不足以解決人生問題矣。……科學能影響人生，變易人生，而不能達人生之意」〔註30〕，倡言科學有益於人生。在1923年的科玄論戰中，任鴻雋發表《人生的科學或科學的人生觀》，駁斥張君勱把「人生觀成不成科學」與「科學能不能解決人生觀問題」混爲一談，又把社會倫理、行爲動機、人生究竟等等塞入人生觀概念，使之成爲一個渾沌囫圇的東西，科學方法自然用不上去。任鴻雋的結論是：「人生觀的科學是不可能的事，而科學的人生觀卻是可能的事。」〔註31〕

　　由是觀之，杜亞泉與任鴻雋在科學教育與人生觀之間關係問題上相契合，而他將自然科學教育的方法論運用於人文領域，使得人生觀教育富有科學根基，顯然對任氏又有所超越。

〔註26〕張梓生：《悼杜亞泉先生》，《新社會》第 6 卷第 2 號，1934 年 1 月 16 日。

〔註27〕蔡元培：《書杜亞泉先生遺事》，《新社會》第 6 卷第 2 號，1934 年 1 月 16 日。

〔註28〕張梓生：《悼杜亞泉先生》，《新社會》第 6 卷第 2 號，1934 年 1 月 16 日。

〔註29〕李醒民：《論任鴻雋的科學文化觀》，《廈門大學學報》（哲學社會科學版），2003 年第 3 期，第 61 頁。

〔註30〕樊洪業、張久村：《科學救國之夢：任鴻雋文存》，上海：上海科技教育出版社，2002 年，第 61～67 頁。

〔註31〕樊洪業、張久村：《科學救國之夢：任鴻雋文存》，上海：上海科技教育出版社，2002 年，第 306 頁。

第二節　杜亞泉與中國近代科學方法訓練

　　作爲人類面對自然所採取的一套有效活動方式，科學最直接、最明顯的成就是它形成了相對比較完整的知識體系，它成爲人類科學活動最外顯的特徵。實際上，在很多受過科學教育的人，甚至是科學家那裡，當談及「年輕人必須得到科學方面的教育，他們不外乎是說年輕人應該多知道一點輻射、恒星或是人體的生理機能，而並非指應該教年輕人學會更嚴密的思考」〔註32〕。顯然，從科學的本質看，科學教育不能如此簡單地歸結爲傳授像物理、化學或生物這樣的學科知識。「科學教育應當是指灌輸一種理性的、懷疑的、實驗的思維習慣。它應當是指學會一種方法——可以用在解決遇到的任何問題上的方法——而不是簡單地堆砌大量的事實。科學教育最後往往還意味著學會觀察世界的方式，而不僅僅是一種知識體系。」〔註33〕進行科學教育，不單指的是科學知識教育，它還包括科學方法的教育。美國科學史家薩頓則認爲，在科學教育領域，方法至爲重要。英國的科學哲學家皮爾遜提出，科學方法是通向絕對知識或眞理的「唯一入口」和「唯一道路」，整個科學的統一隻在於其方法而不在於其材料。科學方法的運用不僅在自然科學範圍內所向披靡，而且在社會科學和人文學科領域，乃至在人們的日常思維和爲人處事中，也不無裨益。尤其是，科學方法是科學精神的重要構成要素和集中體現。它洋溢著科學的理性精神、實證精神和審美精神，充盈著科學的批判和懷疑意識，所以皮爾遜把科學方法看作是訓練公民的科學心智框架的有效手段。顯然，對於科學研究活動而言，科學方法的地位和意義是至關重要的，是任何一位科學教育家所不容忽視的，對此，杜亞泉也有著自己的獨到見解。

一、重視科學實驗

　　從自身科學傳播實踐中，杜亞泉深感科學知識的獲得離不開科學實驗等各種科學方法，迫切希望科學研究能在中國蔚然成風。「吾國植物學中，可謂黑暗已極，若吾輩欲將此黑暗者光明之，則當有千百之植物學家散佈各地，

〔註32〕　喬治・奧威爾：《什麼是科學》，www.Website:http://www.pep.com.cn，2003-03-23。

〔註33〕　喬治・奧威爾：《什麼是科學》，www.Website:http://www.pep.com.cn，2003-03-23。

苦心搜討，聯合學會，羅致書器，廣費資財，延擴時日，始能勝任如此盛舉。⋯⋯吾不知悠久無極之時間中有無可以副吾輩希望之一日。吾嘗設想至是，吾心急迫驚懼不可言狀，吾輩同志或亦聞此言而具同情。」〔註34〕他在《科學世界》等雜誌上撰文，呼籲開展科學實驗研究，認為進行科學實驗不僅能幫助個體獲得並檢驗科學認識，而且還能培養求真和實證的科學精神。「人類之對於自然界，能盡其利用之道者，皆由研究而來。研究愈精，則利用亦愈大。⋯⋯吾人之思想，苟不實驗之於自然界，則往往陷於謬誤而生迷信。⋯⋯猶苟能實地考求，則謬妄可以立破，障害除而神智自顯矣。況吾人之耳目聰明，以練磨而益進。」〔註35〕因此，杜亞泉在科學教育中一直很重視開展科學實驗，包括儀器設備建設。據謝振聲在《杜亞泉傳略》中所述，他在自學理化時，常購置儀器，躬自實驗，曾因化學實驗被玻璃炸傷面部。辦亞泉學館時，他常向學生分贈科學實驗儀器，如化學實驗所用的精緻小天秤及銅碼、測量用的皮帶尺和酒準等。主持潯溪公學時，他勸校董以六千金購買東西圖書和儀器標本，於校中設圖書館和儀器館，並備置印刷器具。商務印書館在他的倡議下，開辦過標本儀器傳習班，招收學徒，授以技術，培養自製儀器、標本、模型的人才。他還資助親友開辦製造墨水、理化儀器等教學用品的作坊工廠。正如他回憶道：「購造粗拙之瓶缽，搜羅紛雜之材料，水溶火煨，昏瞀終日，喪財耗精，千失一得。丁酉，越中設郡學，予承乏以算學課諸弟，暇則讀分原辨質之書，知分類定性之理。乃專備考質之器材以治之。復得學堂所備之小學理化器材而試驗之。於是，前所讀之書始有條理而得綱領也。旋，復以小學化學課諸弟。」〔註36〕

　　1910 年他與好友集資在上海創辦「中國科學儀器館」，並任該館董事。它是國內較早經營教學和科學實驗儀器的專業商店。它的誕生，極大地推動了中國近代對科學儀器的介紹和應用，為切實推進科學實驗做了有益嘗試。

二、倡導科學調研

　　饒有意思的是，杜亞泉竭力倡導實業界開展科學調研、統計實驗。他認

〔註34〕 杜亞泉：《〈普通植物學教科書〉序》，《科學世界》第 1 卷第 2 號，1903 年 4 月。

〔註35〕 杜亞泉、杜就田：《博物學初步講義》，《編者自刊》（30），見張彬、付東升：《杜亞泉科學教育實踐及其影響》，《教育史研究》，2006 年第 1 期，第 2426 頁。

〔註36〕 杜亞泉：《定性分析》後記，《亞泉雜誌》第 7 期，1901 年 3 月 27 日。

為，清廷農商部在勸業委員會內設立工業試驗所，既可借助試驗明瞭物料的功用及其成分，使之為生產利用，又可給工商業者以科技知識，有裨於實業界。民初實業人才並不缺乏，可農工商仍不發達，原因就在於國人對國內外商業、經濟態勢不夠瞭解。他舉例說：「國際上之交涉，既緣此而常佔優勢，下之如商業之投機，物品之製造，亦以知吾虛實、諳吾嗜好之故，莫不應付咸宜。」為此，他建議政府不僅需重視詳考國內發展現狀與需求，而且要在駐外使館添設商務專員，調查海外商業。「雖不能於政治外交上，發生效力，然足以增進吾人世界之知識、國家之觀念，且於技術上之改良、輸出品之仿造，影響亦復不淺。」在調查時，他主張先從國內入手，然後再推及國外。對於「調查事項，不宜百端並舉，應擇其最關緊要者，先事考察，然後遞及其餘。調查方針，宜注重於實情，有疑寧闕，毋意造以淆觀聽。」同時，他尤其提醒國人重視鄉土人情調研，以便於從事這方面的科學教育。「調查境內各鄉之情形，徵集各鄉人民之報告，無論天然物產，人造工藝，以及教育衛生諸事，與夫特別之風土人情，苟有足資仿行或研究者，均一一搜羅，刊布報告，通行各鄉，年出一期或數期不等，俾各鄉得以互通聲氣，交換知識；繼則由各縣聯合公設一省立之機關，就各鄉之報告，擇其足資他縣仿行或研究者，選錄刊布，通行一省；再次復由各省公設一全國之機關，就各省之報告，擇其足資他省仿行或研究者，選錄刊布，通行全國。其初不過使一縣之中，溝通聲氣，交換知識，然層遞而上，效用可及於全國。果能推行，亦足為國內調查之臂助也。」〔註37〕

他為近代實業發展提出了科學規劃的實施方案，從而也豐富拓展了科學教育的內涵和外延。

三、著力訓練學生的學習思維方法

杜亞泉時常留心授以學生具體學科的學習方法，以培養學生的科學思維能力。譬如，在介紹怎樣利用珠算開平方和立方時，就明確指出：「我國向有之普通算學，即珠算是也。但珠算中僅於加、減、乘、除四事，立有成法，其他則未聞。若添一開方一門，以期完備，不亦善乎。」〔註38〕在科學著述時，杜亞泉十分注意根據學習者的身心特點，由淺入深、循序漸進地安排學

〔註37〕 杜亞泉：《國內調查》，《東方雜誌》第 14 卷第 9 號，1917 年 9 月。
〔註38〕 杜亞泉：《珠算開方法》，《亞泉雜誌》第 8 期，1901 年 5 月 11 日。

科的知識內容，力圖結合國情加以鎔鑄，而不是照搬西方教材內容。由他主編的《文學初階》，第 1 冊第 9 課之前不用虛詞，全部用兒童身邊常見的淺近事物作為識字內容，如第 1 課生字為「大、小、牛、羊」，課文是「大牛、小羊、大小、牛羊」，全書力求字的重複出現，一改傳統教材很少顧及兒童心理的弊端。總之，在杜亞泉看來，工藝品之精密試驗、農商業之調查統計、地理礦物之考察、培養學生的科學思維是對國民進行科學方法訓練的必要之舉。

第三節　杜亞泉與中國近代理性科學精神的培育

　　科學的本質在於科學精神，科學教育的旨歸在於培育科學精神。中國近代科學教育實踐的最大癥結就在於科學精神培育的缺失，使得科學教育「只是販賣知識，教員對於學生只負有轉運知識的責任，科學家做學問的精神絲毫不曾得著。而所販賣的只是科學的結論，所以得此結論的方法學生並不曾瞭解，學生在年紀輕輕的時候聽慣了這些結論，都以為是推諸萬事而皆準的話，結果只是養成了獨斷的精神。這真是科學教育所得的最『不科學的』結果，決不合乎科學精神。」〔註39〕

　　論及科學精神的內涵，人們一直存在著多元的理解，但也有諸多共識。通俗地說，科學精神是一種理性思維的世界觀和方法論，是人類從科學探索中概括衍生出來的關於人在處世行事中所具備的一種精神氣質，主要體現為追求對世界和人生的深刻認識和理解的執著的探索精神、求真求實精神，但也不排斥人文精神和其他文化精髓。具體來講，它是科學實現其社會文化職能的重要形式和主要內容之一，包括自然科學發展所形成的優良傳統、認知方式、行為規範和價值取向。求真務實、開拓創新是科學精神的最基本內涵。主要體現在：主張科學認識來源於實踐。實踐是檢驗科學認識真理性的標準和認識發展的動力；重視以定性分析和定量分析作為科學認識的一種方法；倡導科學無國界，科學是不斷發展的開放體系，不承認終極真理；主張科學的自由探索，在真理面前人人平等，對不同意見採取寬容態度，不迷信權威；提倡懷疑、批判、不斷創新進取的精神。科學精神作為文化因素，不斷推動

〔註39〕 張君勱：《科學與人生觀》，見菊龍編：《人格與教育》，瀋陽：瀋陽教育出版社，1998 年，第 228 頁。

著社會文化的發展和更新。〔註40〕

　　歸納起來，「求眞」是科學精神的核心精神，最主要體現為理性精神、實踐精神和創新精神。其中，對於理性精神而言，合理的懷疑是科學理性的天性。也就是說，崇尚在科學理性面前，不存在終極眞理、認識上的獨斷和絕對「權威」。杜亞泉對此有精闢的論述，他堅信理性的重要性：個人「當各澄清其意慮，疏瀹其靈明，養成判別事理審察物情之能力」；官員「當知人民理性之不可抑撓，而又不容任其迷誤」；而「尤有望者，儒者著書，哲人覺世，敷陳學理，啓迪顓蒙，為理性之前驅，作人民之先導，務宜力求平正，切中事情。」〔註41〕具體說來，杜亞泉強烈要求樹立科學理性精神。

一、倡導「科學認知有限論」

　　1901 年，杜亞泉在《普通學報》上撰文《無極太極論》，深刻闡述了人類的科學認知能力的有限性：「故萬有包含於無極之中，而吾於無極之內，截取其地段若干，而立為太極。太者大也，最大之至境也。人類所取之太極，即在人類思想能力所已及者為界，謂太極界。太極界之愈擴而愈大，即人類之進步矣。……可知者，無極之界也；可知者，太極之界也。」〔註42〕杜亞泉強調，宇宙是無限的，而人類對宇宙間科學的認知能力卻是有限的；人類的認知能力可以不斷發展，不斷擴大對宇宙的認知，但是永遠不能窮盡對宇宙的認知。與此相通，杜亞泉在《命運說》中提出了類似的觀點：「近世科學，進步甚著，往往侵入命運之領土內，擴張知能之區域。然知能所及之區域，無論如何擴張，常為知能不及之區域所包圍，以知能為有限性，自然界為無限性也。故科學雖與命運為仇敵，然謂科學能戰勝命運，則決無是理。彼持科學萬能說而蔑視命運者，猶於室內燃電燈、置風扇，而謂自然界之晝夜寒暑，皆為吾人知能所管轄，亦多見其不知量矣。」〔註43〕

二、呼籲國人打破對科學的盲從態度

　　隨著第一次世界大戰的爆發，杜亞泉對科學的價值漸生改變，「從一個科舉出身的知識分子到崇拜西方科學技術的學者；又醉心於西方文化，推崇西

〔註40〕　夏徵農等編：《辭海》，上海：上海辭書出版社，2009 年，第 1235 頁。
〔註41〕　杜亞泉：《理性之勢力》，《東方雜誌》第 10 卷第 6 號，1913 年 12 月。
〔註42〕　杜亞泉：《無極太極論》，《普通學報》第 2 期，1901 年 10 月～1901 年 12 月。
〔註43〕　杜亞泉：《命運說》，《東方雜誌》第 12 卷第 7 號，1915 年 7 月。

方物質文明轉變到反對全盤西化，主張中西融合，提倡精神文明，這是我父親思想上的兩次重大飛躍。」〔註44〕他強烈呼籲國人切莫對科學技術持盲從態度，因為科學技術是一把「雙刃劍」，既有積極性，也有消極性，其價值有待於理性的評估。「近年以來，吾國人之羨慕西洋文明，無所不至，自軍國大事以至日用細微，無不效法西洋，而於自國固有之文明，幾不復置意。然自歐戰發生以來，西洋諸國，日以其科學所發明之利器，戕殺其同類，悲慘劇烈之狀態，不但為吾國歷史之所無，亦且為世界從來所未有。吾人對於向所羨慕之西洋文明，已不勝其懷疑之意見，而吾國人之效法西洋文明者，亦不能於道德上或功業上，表示其信用於吾人。則吾人今後，不可不變其盲從之態度，而一審文明真價之所在。」〔註45〕他進一步指出，此次世界大戰使西方文明破綻畢露，然而科學僅為發達經濟之手段。若經濟之目的已誤，則手段愈高，危險亦愈甚。西洋社會之經濟目的，則不在充足其生活所需的資料，而在滿足其生活所具的欲望。以科學為前驅，無限之欲望隨之而昂進。其結果，使西洋社會之經濟消耗於奢侈，浪費於軍備，破壞於戰爭。西洋經濟可謂為欲望所誤。而近年來國人輸入科學之結果，往往眩其利而忘其害，齊其末而捨其本，受物質上之刺激，欲望日益盛奢。〔註46〕

　　杜亞泉對科學價值的深刻反思，向國人表明：必須清醒、理智地看待科學的價值，對其切莫過於信賴，科學技術僅為工具理性的手段，現代人類若不善加利用之，則科技的進步有可能給人類文明帶來災難性的負面影響。「杜氏關於西方資本主義社會中科學技術助長人之欲望的擴張，從而導致奢侈生活和世界戰爭的看法，可謂深刻揭示了西方現代文明的困境。」〔註47〕但細究起來，此時杜亞泉將戰爭的罪惡歸結於科學技術是十分不妥的，沒有從根本上發掘問題出現的癥結所在。把科學的運用給人類所帶來危害歸咎於科學本身，顯然有失公正。科學本身並不會給人帶來危害，能夠給人帶來危害的是人對科學的非道德的應用和人類物欲的惡性膨脹。所以所謂「科學的罪惡」

〔註44〕　杜其在：《回憶我的父親——杜亞泉》，見許紀霖、田建業編：《一溪集：杜亞泉的生平與思想》，北京：三聯書店，1999年，第43頁。
〔註45〕　杜亞泉：《靜的文明與動的文明》，《東方雜誌》第13卷第10號，1916年10月。
〔註46〕　杜亞泉：《戰後東西文明之調和》，《東方雜誌》第14卷第4號，1917年4月。
〔註47〕　高力克：《調適的智慧：杜亞泉思想研究》，杭州：浙江人民出版社，1998年，第63頁。

來源於「人的罪惡」。

三、力主「科學調和論」

（一）科學與道德相調和

　　面對西方文化的衝擊，清末民初中國著力進行了一系列社會變革，但終歸還是給國人留下了失望，甚至絕望。中國社會深陷危機之中。「社會內部各種矛盾激化而呈現出一種惡性狀態，並以最嚴酷的方式把社會的種種積弊、病根和矛盾展現在人們的眼前。」〔註48〕同時，第一次世界大戰慘絕人寰，創深痛巨，使歐人對自己的前途與命運痛失信心，陷於悲觀、混亂、迷茫之境。「歐人危疑彷徨，不知所措，雜藥亂投，實陷於理性危機之中。」〔註49〕尤其是斯賓格勒《西方的沒落》一書的出版，更表徵了歐人對自己文化的惆悵。杜亞泉有感於時代的變遷，撰文《精神救國論》，反思並告誡國人崇尚科學技術的物質救國論有釀成物質救國的危險：「而此十數年來歐美社會之思潮，乃急轉直下，全然改變其面目，唯物論破碎，唯心論復興，物質主義一轉而為精神主義。而我國民乃猶彷徨於唯物論之魔障中，述達爾文、斯賓塞之緒餘，局蹐於此慘酷無情之宇宙中，認物質勢力為萬能，以弱肉強食為天則，日演日劇，不亦可為長太息者乎？……互相推演，而社會進化之學理，轉為社會墮落之原因」〔註50〕，力求掃除物質競爭的流毒，救正道德失範的精神危機。在《工藝雜誌・序》中，他檢省道，十餘年來自己一直嚮往和信賴西洋工藝，以為工藝為一切事物之本。工藝苟興，政治道德諸問題皆迎刃而解。及世界大戰爆發，考察此戰爭發生的原由，才始認識工藝的流弊，戰爭乃「工藝之流毒」。〔註51〕

　　杜亞泉認為，「平情而論，則東西洋之現代生活，皆不能認為圓滿的生活，即東西洋之現代文明，皆不能許為模範的文明；……戰後之新文明，自必就現代文明，取其所長，棄其所短，而以適於人類生活者為歸」〔註52〕，

〔註48〕 陳旭麓：《近代中國社會的新陳代謝》，上海：上海社會科學院出版社，2006年，第385頁。

〔註49〕 韋拉里：《韋拉里論理智之危機》，《大公報・文學副刊》第 2 版，1928 年 3 月 5 日。

〔註50〕 杜亞泉：《精神救國論》，《東方雜誌》第 10 卷第 1 號，1913 年 7 月。

〔註51〕 杜亞泉：《〈工藝雜誌〉序》，《東方雜誌》第 15 卷第 4 號，1918 年 4 月。

〔註52〕 杜亞泉：《戰後東西文明之調和》，《東方雜誌》第 14 卷第 4 號，1917 年 4 月。

主張建立西方科學與東西方道德相融合的新文明。認爲西洋文明的基礎和菁華是發達的自然科學，這爲東洋文明所缺乏，因此在教育中「第一當研求科學以補東洋文明之不足，第二研究固有之文明，與西洋之文明包含而化合之」〔註53〕，寄望學生能擔負起這樣的責任。他預言，源於希臘文化的西方科學與源於希伯來文化的西方道德在歐戰後必然會走向融合；相信中國道德本來就與希臘希伯來道德多有契合之處，西方兩西傳統道德相互調和之後，與中國道德傳統必將異曲同工；提醒國人在融合西方科學時務必理智：「西洋事物輸入吾國者，必審其於生活上之價值如何。科學上之智識技能，當利用之以生產日常須要之物，使其產出多而價值廉，以應下層社會之用，而救其缺乏；若奇巧高貴之品，便安享樂之法，僅爲上層社會發達肉欲計者，及奢侈品、裝飾品、消耗品，以誘惑普通社會而害其生計者，必力屏之。經濟之配布，當漸使平均，勿任貪點之徒，利用科學，以施其兼併侵略之技。至科學上之學說，如競爭論、意志論等，雖各有證據，各成系統，但皆理性中之一端，而非其全體，當視之與諸子百家相等，不可奉爲信條。」〔註54〕

　　杜亞泉的「科學與道德調和論」充分體現了其辯證中和的思想特質，與獨尊科學爲神明而蔑棄傳統的科學主義、詆毀科學而專崇孔孟的復古主義相比，凸顯了多元、開放、辯證、周詳的「溫和漸進」之風。這既不同於激進主義的徹底放棄傳統完全接受西方科技，因爲它對傳統的批判不是那種不加分析的簡單全盤否定，對科學的接受也不是沒有思考和缺少消化的囫圇吞棗；也不同於保守主義的全面固守傳統徹底排斥西方科技，是因爲它接受西方科技並且批判封建倫理和傳統價值；也不同於折衷主義的固守傳統價值卻接受西方實用技術，是因爲它對科學的接受並沒有限定在實用技術層次或具體科學層次而對傳統的保留並不是不加批判的保留。由此可見，杜亞泉秉持一種特殊形式的相對主義，承認西方現代科學與中國傳統文化具有優劣之分，只是相對的。

（二）科學與傳統相調和

　　鑒於救亡的壓力，新青年派出於急迫心理，而無法深入從事科學啓蒙事業，而是選擇了以批判傳統代替科學啓蒙。儘管陳獨秀宣稱是爲了擁護德、賽先生才去反儒家禮教道德的，但在實際的倫理革命中卻恰恰翻了個——擁

〔註53〕　杜亞泉：《潯溪公學開校之演說》，《普通學報》第 4 期，1902 年 2 月。

〔註54〕　杜亞泉：《戰後東西文明之調和》，《東方雜誌》第 14 卷第 4 號，1917 年 4 月。

護德、賽先生是爲了要去反舊傳統。陳獨秀在《〈新青年〉罪案之答辯書》中對「德、賽先生的高呼」就是例證。「要擁護那德先生，便不得不反對孔教、禮法、貞節、舊倫理、舊政治；要擁護那賽先生，便不得不反對舊藝術、舊宗教；要擁護德先生又要擁護賽先生，便不得不反對國粹和舊文學。大家平心細想，本志除了擁護德、賽兩先生之外，還有別項罪案沒有呢？若是沒有，請你們不用專門非難本志，要有氣力有膽量來反對德、賽兩先生，才算是好漢，才算是根本的辦法。」〔註55〕德、賽先生被陳獨秀請來保護了《新青年》對傳統的批判而遭致的非難。其實，《新青年》雜誌論及「科學」的字眼比比皆是，但眞正討論科學或者科學方法的卻寥寥無幾。用陳獨秀自己的話講，就是：「《新青年》所討論的，不過是文學、孔教、戲劇、守節、扶乩，這幾個很平常的問題」〔註56〕，根本未對賽先生下工夫，其眞正目的在於爲反舊禮教，倡白話文，與疑古史舊書。

對此，杜亞泉卻認爲，傳統並非科學的死敵，二者可以互融共存，倡導國人要科學地對待傳統，並作出了鮮明、系統的闡述。

1、現代科學與宗教傳統互融共存

1917 年，在新文化運動初期，陳獨秀針對在社會急劇轉型背景下出現的信仰危機，提出了「以科學代宗教」的主張。他認爲，西方以自然科學爲基礎的思想、精神和方法，可以在世界觀、人生觀、社會歷史觀等方面全面取代宗教，作爲現代社會的新信仰；儒學的「禮讓」、佛教的「空無」以及道教的「雌退」共同制約了中國人奮發進取的精神，造成了消極的國民性，新文化運動必須掃除中國傳統文化的負面影響。〔註57〕

杜亞泉認爲，宗教作爲一種精神信仰資源，具有凝聚民族精神和維繫社會秩序的偉大力量，因而現代化不宜蔑棄宗教傳統。他強調指出：「夫宗教倫理，爲民族組成之要素，其支配社會維持治安之潛力，至爲偉大。若被破壞，則善惡無所遵循，是非莫由辨別，人民必將彷徨歧路，靡所適從，精神界之俶擾，有不堪設想者矣。……抑知一國之存立，不徒有實質之武力，尤賴有形上之文明。苟舉歷史上留遺之文教，暨先哲累代所闡明之思想學識，

〔註55〕 陳獨秀：《陳獨秀文章選編》，北京：三聯書店，1984 年，第 317～318 頁。
〔註56〕 陳獨秀：《陳獨秀文章選編》，北京：三聯書店，1984 年，第 364 頁。
〔註57〕 張雪松：《陳獨秀：以科學代宗教》，《中國民族報》，2009 年 7 月 14 日，第 4 版。

視如敝屣，悉加屏棄，則國家基礎，將受無形之動搖。」〔註58〕在一定意義上，宗教具有其他資源不可替代的，與科學互補調劑的不可或缺的精神價值。正如羅素所言：「世界需要一種能促進生活的哲學或宗教。……如果要使生活成為完全是人的生活，它必須為某種目標服務，這種目標在某種意義上似乎是在人的生活以外的，就是某種目標，它是非個人的超出於人類的，有如上帝或眞理或美。……這一種對於不朽事物的幸福的默想，就是斯賓諾莎所稱的對於上帝的理智的愛。」〔註59〕同時杜亞泉還認為，一種主義絕對不可能包涵世間萬理，宗教也是如此。「夫以千百年各築藩籬之宗教，乃有接近之一日，此亦足見一種主義之不能包涵萬理，而矛盾之決非不可和協者矣」〔註60〕，力主現代科學與宗教傳統互融共存，並預言：「今日之科學思想，由希臘思想發生，發達已極，遂釀戰禍……大凡人類於自然界獲得勝利之時，則宗教思想必因之薄弱，若至趨於極端陷於窮境之時，則宗教思想必因之喚起。故今後當為希伯來思想復興時代，與歷史上文藝復興時代，遙遙相對。」〔註61〕

現代科學與宗教傳統的關係，是五四時期中西新舊之爭的焦點問題之一。科學主義思潮立基於孔德實證主義文明進化論，而主張「以科學代宗教」的激進方針。其「重新估定一切價值」的評判準則乃是「以西評中」、「以新衡舊」的單向文化批判，顯然源於尋求富強的「現代化情結」。針對這一現象，張灝作了深刻的揭示：「就思想而言，五四實在是一個矛盾的時代：表面上它是一個強調科學，推崇理性的時代，而實際上它卻是一個熱血沸騰，情緒激蕩的時代；表面上五四是以西方啓蒙運動重知主義為楷模，而骨子裏它卻帶有強烈的浪漫主義色彩。」〔註62〕也誠如汪暉所指出的，五四思想的內在困境和危機，在於其匱缺作為歐洲啓蒙傳統之基礎的「分析還原和理智重建」的理性方法，而僅僅立基於一種「態度」〔註63〕。而杜亞泉對於現代科學與宗教傳統的互融共存態度，恰恰彌補了文化激進主義理性建構不足的缺陷，

〔註58〕 杜亞泉：《國家主義之考慮》，《東方雜誌》第 15 卷第 8 號，1918 年 8 月。

〔註59〕 伯特蘭・羅素：《社會改造原理》，上海：上海人民出版社，1959 年，第 145 頁。

〔註60〕 杜亞泉：《矛盾之調和》，《東方雜誌》第 15 卷第 2 號，1918 年 2 月。

〔註61〕 杜亞泉：《戰後東西文明之調和》，《東方雜誌》第 14 卷第 4 號，1917 年 4 月。

〔註62〕 張灝：《危機中的中國知識分子》，見蕭延中編：《啓蒙的價值與局限》，太原：山西人民出版社，1989 年，第 54 頁。

〔註63〕 汪暉：《無地彷徨・序》，杭州：浙江文藝出版社，1994 年，第 16 頁。

切中了五四啓蒙思想的偏弊，其「溫和漸進」之風格由此可見一斑。

2、現代西醫與傳統中醫互融共存

　　早在新文化運動之初，陳獨秀就提出了「中醫非科學」的觀點：「醫不知科學，既不解人身之構造，復不事藥性之分析，菌毒傳染，更無聞焉；惟知附會五行生剋寒熱陰陽之說，襲古方以投藥餌，其術殆與矢人同科；其想像之最神奇者，莫如『氣』之一說，其說且通於力士羽流之術，試遍索宇宙間，誠不知此『氣』之果爲何物也！〔註 64〕這是一種明顯的西化主義傾向。與陳獨秀相呼應，余雲岫對中醫也持鄙薄蔑棄之見，認爲中醫不僅解剖學落後，而且其醫學理論也是非科學的；中醫的生理學和病理學皆立基於陰陽五行學說，而陰陽五行說只是古代哲學家的空想，到了今日科學時代，已全無科學的價值，必須將其徹底摒棄。〔註 65〕杜亞泉決不贊同對中醫價值全盤否定的論調，奮而爭之。他指出：「中西醫學，大同小異，世之學者，往往先入爲主，警其異而不求其同，中醫西醫，遂界若鴻溝。習西醫者詆譏中醫，謂中醫專重陰陽五行之說，憑臆想而不求實驗；信中醫者排斥西醫，謂西醫多用金石劇烈之藥，精外科而不善內治。是皆一孔之見，偏執之論也」〔註 66〕，強調中西醫學理法不同，二者互有優長，西醫以機械實驗爲基礎，長於診治器質性疾病；中醫以心靈體會爲方法，優於醫療官能性疾病。科學界不可重機械實驗，而輕心靈體會。「世界上的科學，除了物質方面以外，凡是精神科學社會科學，都不是全靠著機械的試驗，才能成立呢！……希望明白科學的，不要作『科學萬能』的迷想。世界事物，在現世科學的範圍以內者，不過一部份。科學家的責任，在把科學的範圍擴大起來。若說『世界事事物物，都不能出了科學的範圍』，這句話，就是不明白科學的人所講。現在學西醫的，或是學中醫的，應該把中國的醫學，可以用科學說明的，就用科學的方法來說明，歸納到科學的範圍以內。不能用科學說明的，從『君子蓋闕』之義，留著將來研究。不但中國的醫學，應該這樣辦法，就是別的學問也應該這樣辦法」〔註 67〕，並以西醫的「血液循環」和「神經作用」學說闡釋中醫的「血氣」，以西方病理學的「循環障礙」理論解釋中醫的「血氣不和」與診脈方法，

〔註 64〕陳獨秀：《敬告青年》，《青年雜誌》第 1 卷第 1 號，1915 年 9 月 15 日。
〔註 65〕余雲岫：《科學的國產藥物之第一步》，《學藝》第 2 卷第 4 號，1920 年。
〔註 66〕杜亞泉：《中西驗方新編敘言》，《東方雜誌》第 13 卷第 11 號，1916 年 11 月。
〔註 67〕杜亞泉：《中國醫學的研究方法》，《學藝》第 2 卷第 8 號，1920 年 11 月。

以溫度作用和氣壓作用詮解中醫的「風火寒熱燥濕」（六淫）為例證，深刻闡述二者可以互融共存。

可以肯定的講，這種對待科學的「溫和」態度，顯然比起陳獨秀宣判式否定批判更符合科學精神和科學原則，也更有利於對傳統的揚棄和對科學的接納。

另外，我們必須清醒地看到，杜亞泉過於注重作為知識體系的自然科學，而相對輕視作為社會哲學的科學，且在一定意義上將「調和」演化為「教條」，這就不免使其科學啟蒙有所乏力。對此作出「理性」的科學認識，也是杜亞泉科學啟蒙理性精神的本質要求之所在。

第五章　杜亞泉與中國近代科學傳播

　　一種思想觀念，只有付諸實踐，方能彰顯其價值。杜亞泉懷抱科學救國職志，秉持「溫和漸進」的路線，以編纂、出版書報爲科學傳播的手段，直至生命的最後一息。其有生之年僅 60 年，並沒有什麼發明創造，只是向國人介紹科學知識，然而卻爲中國近代科學傳播事業奮戰了 35 年〔註1〕，可謂鞠躬盡瘁！現透過對若干典型個案的分析，來揭示其科學傳播觀。

　　其實，早在創辦《亞泉雜誌》時，杜亞泉就於創刊號卷末發表「輯錄餘談」，以當時最具代表性的科學技術發明——印刷機器和腳踏車爲圖例，來表達自己重視科技編輯出版的思想。其中，印刷機器是晚清出版事業的象徵，腳踏車是當時上海最時髦的代步工具。杜亞泉解釋說：「或問此書卷末繪印書架及腳踏車圖，何意也？答曰：亞泉之意，勸我輩讀書人自求進步也。」其寓意爲勸勉讀書人要充分利用先進的印刷機器從事出版事業，就好比騎上有較快速度的代步工具腳踏車，這樣傳播科學技術的速度就會加快。他進一步指出：「我輩際此時，會當以將來文學之汲引者自任，若非廣播書籍，何以發達民智，故印刷之事實爲吾輩求進步之腳踏車矣。」〔註2〕

〔註1〕　筆者認爲，杜亞泉自 1898 年在蔡元培任監督的紹興中西學堂作算學教員開始，直至於 1933 年編纂完成《小學自然科詞書》溘然長逝，前後共計 35 年，其中供職於商務印書館 28 年，儘管他在執《東方雜誌》筆政 9 年時，已經將主要精力放置於精神文明的思考和討論上，但他從未放棄過科學的立場，始終關注科學發展，不僅自己撰文而且還發表諸多他人的有關科學的文章，繼續倡導科學教育。這一觀點已經通過本人與杜氏後裔座談，得到施亞西教授和田建業先生的一致認同。
〔註2〕　杜亞泉：《輯錄餘談》，《亞泉雜誌》創刊號，1900 年 11 月 29 日。

圖 2：印刷機器（象徵「讀書人」）和腳踏車（象徵
讀書人的「代步工具」）

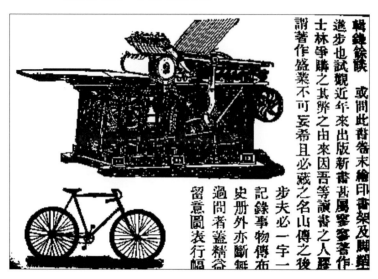

鑒於「鉛字石印之法興，士風一變，吾觀西來教士，到處設書會印書，廉價廣布，其精到者士林皆珍爲鴻寶，有名之印字館皆教士所立，竊恐將來進步之事，借外力以成之。」〔註3〕在此，他告誡國人：如果我們不發展自己的出版事業，勢必就會被傳教士所趁機取代。「故取義於此車。此車不借風力、人畜之外力，自求進步，速如奔馬。」〔註4〕爲此，杜亞泉以騎著「自求進步，速如奔馬」的腳踏車自勉，終生從事編輯出版事業，傳播科學。

第一節　「救國人知識之饑荒」

張梓生認爲杜亞泉是以「治學、著書、作育人才」終其一生，藉以科學書籍和雜誌，「救國人知識之饑荒」〔註5〕，推動近代科學教育的發展。尤其是杜亞泉在 1904 年應邀加盟商務印書館之後〔註6〕，使他有了施展才華的舞

〔註 3〕　杜亞泉：《輯錄餘談》，《亞泉雜誌》創刊號，1900 年 11 月 29 日。
〔註 4〕　杜亞泉：《輯錄餘談》，《亞泉雜誌》創刊號，1900 年 11 月 29 日。
〔註 5〕　張梓生：《悼杜亞泉先生》，《新社會》第 6 卷第 2 號，1934 年 1 月 16 日。
〔註 6〕　值普通學書室無法經營，杜亞泉萬般惆悵之際，他接到了商務印書館張元濟、夏瑞芳的加盟邀請。他們有著共同的理想，志同道合，很快融爲了一體。張元濟以「吾輩當以扶助教育爲己任」（張元濟：《東方圖書館概況·緣起》，《張元濟詩文》，北京：商務印書館，1986 年，第 240 頁。）的抱負與杜亞泉「爲

臺，其科學傳播事業也一步步走向了頂峰。

一、圖書傳播

（一）領銜編纂自然科學書籍

綜觀杜亞泉編纂、著譯、創辦（主編）的期刊、發表的涉及科學教育的書籍和論文，不僅領域廣泛，而且內容豐富，切合時需。其中，專著 3 部，譯著 17 部，刊物 4 份，大型自然科學辭典 3 部，教科書 38 部，論文 48 篇。

值得一提的是，他在任商務印書館理化博物部部長期間（1904～1932），商務印書館對近代自然科學傳播的貢獻最為突出。據平心先生收集 1935 年以前近代中國出版的新書 2 萬種所編的《生活全國總書目》統計：商務印書館所出自然科學著作占總數 44%，其中化學 44.8%、物理學占 43.6%、數學占 45.4%。另由《中國出版史概要》所查：1902 年至 1930 年，商務印書館共出版自然科學與應用技術書籍 1158 冊，1031 種。這些自然科學書籍無論從數量還是質量，都遠非其他出版機構可比，其暢銷和發行不僅使商務印書館成為二十世紀初期科學教育的重鎮，為其帶來了豐厚的經濟效益和良好的社會效益，而且更重要的是，它滿足了當時學校教育對自然科學教科書的迫切需求，有利於國人知識的更新和觀念的進化，大大推動了近代科學教育的發展。商務印書館是中國近代科學傳播的重鎮毋容置疑，而擔當民國時期全國自然科學教科書及其參考用大型工具書編撰重任的，杜亞泉要算是一位重要的挑大樑者。有三種評價更能見其貢獻和影響：「這個編譯所是很重要的一個教育機關——一種教育大勢力」〔註7〕；據當時商務印書館總編輯王雲五稱，杜「三四十年來編著關於自然科學的書百數十種」〔註8〕；「當民國初元之時，國內科學教育漸見發展，所藉以為推進之工具者，杜亞泉先生所編各種理化

國家謀文化上之建設」的理想旨趣相同，都是以教育為手段，推動國家文化建設和近代社會轉型。杜亞泉在《記鮑咸昌先生》一文中寫道：「時張菊生、蔡鶴卿諸先生，及其他維新同志，皆以編譯快報為開發中國急務，而海上各印刷業皆濫惡相沿，無可與謀者，於是咸踵於商務印書館，擴大其事業，為國家謀文化上之建設。」（商務印書館：《商務印書館九十年》，北京：商務印書館，1987 年，第 9～10 頁。）

〔註7〕　陳達文：《胡適與商務印書館》，見商務印書館：《商務印書館九十年》，北京：商務印書館，1987 年，第 12 頁。

〔註8〕　王雲五：《小學自然科詞書》序文，《小學自然科詞書》，上海：商務印書館，1934 年，第 1 頁。

博物教科書，其重要者也。」〔註9〕

（二）遵循編輯規律，融自然科學知識於人文學科教科書之中

在安排教材內容時，杜亞泉注重依據學生的身心發展特點，由淺入深、循序漸進，不是拘囿於西方教材模式，而是立足國情，適勢加以鎔鑄。在編纂《文學初階》時，杜亞泉一改往常慣例〔註10〕，第1冊第9課前不用虛詞，全部以兒童身邊常見的淺顯易見的事物作爲識字內容，如第1課生字爲「牛、羊、大、小」，課文是「大牛、小羊、大小、牛羊」，力求字的重複，顧及到了兒童的學習心理，也符合語言規律。同時杜亞泉還巧妙地將淺近的自然科學知識有機地融入進去，提高了該書的科學品味，也利於對學生的科學啓蒙。例如第75課這樣講到凝固和融化的知識：「凡物遇熱則化，遇冷則凝。嚴寒之時，器皿中之水，皆結爲冰。遇熱則漸漸融化爲水，與未結冰以前無異。玻璃銅錫之類，雖堅於冰，以火熔之，亦能流動如水也。」從第3冊以後，《文學初階》中自然科學的材料十分豐富，天文、物理、化學、衛生常識及生物知識等無所不有。在宣傳科學知識，形成科學理性的同時，杜亞泉更提倡破除封建迷信。例如，他在第86課記述了這樣一則故事：「有一談星命者，大書能知過去未來之事，標於門首。一兒見之，向父索錢，欲就問後來之事。父曰後來之事，誰能預知。彼之口出大言，乃所以騙人錢財耳。」課後讓學生討論「談星命者之言可信否？。」

誠如汪家熔所感言：「他是位積極宣傳自然科學的熱心人，在《初階》裏自然科學的材料十分豐富，天文、物理、化學、衛生常識、生物知識無所不有。在宣傳這些知識的同時，也破除了迷信。……如果說商務後來編的《最新國文教科書》是我國第一部成熟的和影響大的教科書，那麼《文學初階》是在此之前的一個重要階梯。所說成熟，指的就是將學生引向生活，這是一千多年來讀書目的大轉變，值得大書特書的。……它對後來各種國文或語文教科書的影響卻是顯而易見的、是不能不提及的。」〔註11〕可以說，《文

〔註9〕 張梓生：《悼杜亞泉先生》，《新社會》第6卷第2號，1934年1月16日。

〔註10〕 據蔣維喬在《編輯小學教科書之回憶》（商務印書館：《商務印書館九十年》，北京：商務印書館，1987年，第272頁。）中談到，當時南洋公學外院的師範生陳懋治、沈慶鴻等編纂的蒙學課本，第1冊第1課就用虛詞：「燕、雀、雞、鵝之屬曰禽。牛、羊、犬、豕之屬曰獸。禽善飛，獸善走。禽有兩翼，故善飛。獸有四足，故善走。」

〔註11〕 汪家熔：《杜亞泉對商務印書館的貢獻》，見許紀霖、田建業編：《一溪集：杜

學初階》是引領我國小學課本科學教育編寫模式具有劃時代意義的一部「坩本」。

在編寫《共和國教科書新理科》時，杜亞泉認為，作為混編教材，分科分冊編排最為容易，但這難免人為割裂知識。由此他從兒童的接受心理出發，決定把相關的礦物、動物、植物、生理知識由淺入深、融會貫通，以節令變化為基準來安排課時。於是他將「田野」列為春季教材的第一課，首先介紹兒童熟悉的環境地形，再講述大豆、棉、稻的知識，最後出現害蟲、蜻蜓、螳螂等相關課文。這樣恰當巧妙的編排，頓使學生有親切明朗之感，利於學生在實際生活中領會知識。

（三）注重文筆流暢，增強科學美感

為剔除科學著作閱讀的枯燥之感，杜亞泉十分注重科學編輯語言的文筆清新流暢，以使作品悅人耳目，具有科學的美感。這是杜亞泉編纂自然科學教科書的一大制勝特點。例如，1912 年由杜亞泉主持編寫的高小用理科教科書（商務印書館「共和國教科書」系列叢書之一）的第七課《秋之風景》，杜亞泉飽含深情地寫道：「秋日氣候漸寒，風景獨佳。其點綴以成秋色者，則有雜草；淒切以發秋聲者，則有鳴蟲。雜草之果實，至秋成熟。種子散落以後，漸漸枯死。其種子於明春發生新芽，再成雜草。鳴蟲之翅，常摩擦而成聲，有高低強弱之殊，各不相混。其鳴者皆雄蟲，所以招其雌也。雌蟲能產卵，故易繁殖。」這種編纂方式無疑疏通了編者與讀者的「隔閡」，大大提高了科學傳播的效率。

圖書作為一種文化的物質形態，必須有一套能為人所接受的社會象徵符號，才具有生存價值。「即圖書裏文字、符號、圖樣的大小和顏色能被人所辨別和區分，相應層次的閱讀者所能夠理解。這就是圖書具有傳播功能的依據所在。否則，如果圖書使用的文字、符號和圖樣不能為他人所辨認和理解，圖書的傳播功能則無從產生。……人們創造圖書的首要目的應該是為了傳播——向社會傳播、發散自己的文化意識，從而誘導、鼓動閱讀者進行新的文化創造。不具備傳播功能的圖書便沒有創造價值，也沒有存在的價值。」〔註 12〕只有切實一心為讀者服務，站在讀者的位置上去考慮如何編纂教科

亞泉的生平與思想》，北京：三聯書店，1999 年，第 217 頁。

〔註12〕張自文：《圖書的傳播功能與社會效應》，《出版發行研究》，1987 年第 5 期，第 33 頁。

書，才能使其眞正發揮科學傳播的功能，才能彰顯其存在的價值。

（四）組織主編《小學自然科詞書》，為小學自然科教師「雪中送炭」

杜亞泉曾主編過《植物學大辭典》、《動物學大辭典》和《小學自然科詞書》，前兩者開創了我國近代專業詞書編纂的先河，係商務印書館的「品牌」，切合時需。而《小學自然科詞書》的編纂，更能反映出杜亞泉及科學教育之所急而爲此付出的傾力勞作。

「一・二八」事變，商務印書館被炸毀，編譯所被遣散，杜亞泉隨即攜家眷逃難返鄉，此時他已是積貧積弱：債臺高築、疾病纏身。然而，他依然沒有放棄對科學傳播事業的孜孜追求，矢志不渝，特別對當時小學自然科教師嚴重缺乏參考書「耿耿不寐，如有隱憂」，「小學有了理科或自然科的課程，已經幾十年，而國民於自然科學的常識絕少進步。其原因不止一端，但是小學教師參考資料之短缺，和小學生補充讀物之不足，使教者和讀者都呆守著一本教科書，既感興趣的貧乏，又沒有考證和旁通的機會。在這種情況下，自然科學的常識不易進步，自係當然的結果。現在關於小學生的補充讀書，如兒童理科叢書，少年自然科學叢書等，陸續印行，爲數似尚不少，而可供小學自然科學教師用的參考書還是沒有。因此，便決定編著一部專供小學教師用的小學自然科學詞書，以補此憾。」〔註 13〕鑒於此，他變賣祖產，邀請召集堂侄杜其堯、杜其堡及幾位商務退職的同仁，組織了「千秋社」家庭編輯所〔註 14〕，焚膏繼晷地編纂《小學自然科詞書》，該書收集自然科學詞匯 2000 餘條，近 90 萬字，包括天文學、物理學、化學、礦物學、地質學、地文學、生物學、植物學、動物學、氣象學、醫學、生理學、衛生學、工程學、農業、森林、化工、製造、建築、攝影術、遊戲、食品、自然科學等 23 類，書末附有分類索引、西文索引、四角號碼索引。內容極爲豐富、實用，是一部極具參考價值的小學自然科教師用書。該書 1934 年 3 月初版，「問世後，深受小學教師的歡迎。馬上被爭購一空。次月商務再版此書，以應小學自然科教學參考之急需。」〔註 15〕1934 年再版，可見影響之大。它解了小學

〔註 13〕謝振聲：《杜其堡先生事略》，《商務印書館館史資料》第 35 期，第 5 頁。

〔註 14〕據杜其在《回憶我的父親杜亞泉》中記述，杜亞泉的故鄉傖塘古名爲「千秋」。

〔註 15〕謝振聲：《杜其堡先生事略》，見商務印書館總編室編：《商務印書館館史資料

自然科老師的燃眉之急，是杜亞泉留給國人的最後一份珍貴遺產。

二、期刊傳播

所謂期刊，依據聯合國教科文組織 1964 年 11 月 19 日的界定，是指：「用同一標題連續不斷（無限制）地定期或不定期地出版下去，每年至少出一期（一次）以上，每期均由期次編號，或注明日期的出版物。」〔註 16〕由麥都思和郭士立主編，1833 年創刊的《東西洋每月統記傳》，是第一份具有近代意義的中文期刊，1837 年停辦。中國最早的綜合性科技期刊是由徐壽和傅蘭雅在上海創辦的《格致彙編》（1876～1901）。

美國《獨立週刊》在創刊詞中對雜誌的編輯出版、特徵和作用作了這樣的描述：「雜誌有生以來便代表一種智慧的活動。主編的思想總是隱於其中，如果思想走不到讀者的前面，就必將在讀者的選擇中掉隊，最後被超越與遺棄。主編與編輯的責任就是不斷引領讀者向前看。雜誌的作用，是從舊材料中編織新的故事，配合時代的潮流改寫歷史及傳記，伸張已經被人遺忘的真理，使健康的知識更能適合人的口味，化玄奧的科學為應用的知識，向世界上黑暗的角落，以及人類文化教育的若干隱處，投以搜尋的光亮，發起新的運動導引舊的運動，高撤警鈴使酣睡中的人們自夢中驚醒，扭轉那些向後張望的頭顱，使它目向前方」〔註 17〕，全面生動、深刻揭示了期刊傳播的內在規律。杜亞泉將自己的科學教育思想貫徹至期刊編輯實踐中，對期刊的宗旨、定位到辦刊風格，都做了精心規劃，曾自辦《亞泉雜誌》、《普通學報》，主編《中外算報》、《東方雜誌》（1911～1920 執筆政），以此為陣地，積極傳播科學。

（一）將最新科技成果即時系統地介紹給國人：以《亞泉雜誌》為例

通俗地說，即時性是期刊傳播的特徵之一，是指期刊及時地對最近的科技創新成果進行完整的、詳細的報導。〔註18〕1900 年 11 月 29 日（清光緒二十六年十月初八日），杜亞泉赴上海，創辦亞泉學館，並出版發行《亞泉雜

〔註16〕 之 35》，北京：商務印書館，1986 年，第 5 頁。
〔註16〕 王崇德、劉春茂：《科技期刊綜論》，北京：情報科學雜誌社，1989 年，第 3 頁。
〔註17〕 美國《時代週刊》創刊詞，1904 年 10 月 1 日。
〔註18〕 杜利民、陶立方：《科技學術期刊傳播特點研究》，《編輯學報》，2006 年第 3 期，第 166 頁。

誌》，杜亞泉任主編。該刊每月上下弦（初八日和二十三日）各出一期，豎排線裝本，鉛印，25 開，單色花邊封面。每冊正文 16 頁。自第 5 期改為月刊。出至 1901 年 6 月 9 日（光緒二十七年四月二十三日）第 10 期停刊。在總共 39 篇論文中，其中涉及化學內容的就有 23 篇，因此「它也可以看作是我國第一部化學期刊。」〔註19〕

　　有關該刊出版事宜的重要報導還有：張韶盧在《中國近代出版史料》初篇・卷二《清季重要報刊目錄》中說：「亞泉雜誌，1900 年在上海出版，杜亞泉主編，亞泉學館發行，是中國人自辦科學雜誌最早的一種。」《中國出版大事年表》記載：「一九〇〇年（光緒二十六年）亞泉學館出版。《亞泉雜誌》，為國人自編科學雜誌最早的一種。」胡愈之在《追悼杜亞泉先生》一文中曾指出：「《亞泉雜誌》為中國最早的科學雜誌。」〔註20〕章錫琛在《杜亞泉傳略》中也明確指出：「庚子秋，中西學堂停辦，乃赴上海，創編《亞泉雜誌》，撰著科學文字，分期刊行。吾國之有科學期刊，此其嚆矢也。」〔註21〕這是中國人自辦的第一份綜合性自然科學期刊，標誌著我國期刊完成了從傳教士辦刊、傳教士與中國學者合作辦刊到中國學者獨立辦刊的歷史性過渡。

　　科技期刊具有傳播最新科技信息、促進科學研究、普及科學知識、推廣先進技術、宣傳引導大眾等特徵。書籍的撰寫和出版需要較長時間，而期刊卻能以較快的速度發布科技信息，使讀者迅速瞭解最新的科技進步，從而發揮快速而廣泛地傳播科技知識的社會功能。〔註22〕作為傳播科技為職志的期刊，《亞泉雜誌》最早將當時的最新科研成果介紹給國人，像化學元素週期律和當時新發現的元素名稱。

　　元素週期律大發現是化學史上的一次革命，被稱為是化學航海中的「航行圖」。恩格斯在《自然辯證法》一書中曾經指出：「門捷列夫不自覺地應用

〔註19〕 張子高、楊根：《介紹有關中國近代化學史的一項參考資料——〈亞泉雜誌〉》，《化學通報》，1965 年第 1 期，第 55 頁。另外，在袁翰青所編的《中國化學史論文集》（總共 30 多篇論文）中，就收錄杜亞泉發表在《亞泉雜誌》上的 4 篇，分別是：《化學週期律》、《化學原質新表》、《定性分析》、《食物標準及食物各貨化分表》。

〔註20〕 胡愈之：《追悼杜亞泉先生》，《東方雜誌》第 31 卷第 1 號，1934 年 1 月。

〔註21〕 章錫琛：《杜亞泉傳略》，原載原教育部編《第一次中國教育年鑑》中的《教育名人傳略》，1934 年。

〔註22〕 范祥濤：《科學翻譯影響下的文化變遷》，上海：上海譯文出版社，2006 年，第 127～128 頁。

黑格爾的量轉化爲質的規律，完成了科學上的一個勳業，這個勳業可以和勒維烈計算尚未知道的行星海王星的軌道的勳業居於同等地位。」〔註23〕《亞泉雜誌》第 6 期（1901 年 3 月 13 日），以《化學元素週期律》爲題，分五部份詳細闡釋了此定律的內涵。其中杜亞泉在文中這樣注解說「本雜誌第一冊，揭露化學原質新表，其序次悉依原點重率（原子量），以冀與週期律相核徵。唯週期律爲近來新得之學理，向來譯書中未曾述及，去年臘底，承鎮海虞君和欽，以所譯化學週期律一篇見示，同氣相求，實有先得我心之樂。茲將虞君來稿，揭露一過，更不揣疏漏，就本館所見聞者，補述一二，藉以質之虞君，並乞海內諸學家正之。」系統地介紹了門捷列夫元素週期律，標誌著在 20 世紀初，傳入我國的化學元素已由 1878 年 2 月 25 日郭嵩燾日記中僅提及門捷列夫元素週期律、1855 年合信《博物新編》提及 55 種、1857 年《六合叢談》提及 64 種和 1871 年徐壽《化學鑒原》中記述的 64 種增至 76 種。

1900 年 12 月 19 日出版的第 3 期中王琴希的《昨年化學界》一文，報導了居里夫婦 1898 年 7 月 18 日和 12 月 26 日宣佈發現釙（Po）和鐳（Ra）2 種放射性化學元素，並精確報導了其性質、光譜線波長。此時距居里夫婦的發現時間僅 2 年多。這無疑否定了過去認爲 1903 年 10 月 10 日出版的《浙江潮》第 8 期中魯迅署名「自樹」的《說鈤》一文爲最早報導的說法和「鈤」字爲魯迅所造的說法。魯迅在文中提到：「坡羅尼恩與鉫，愛客地恩與釷，鈤與鋇，均有相似之性質。而其純質，皆不可得。唯鈤經古籬夫人（Mme. Curie）辛苦經營，始得略純粹者少許，測定分劑（原子量）及光圖（譜），已確認爲一新原質。……」向國人介紹居里夫人發現了鐳。〔註24〕《亞泉雜誌》第 7、8 冊連續刊登了《述銅金瓦鈤之性情》、《論氬》、《論歇留謨》（即氦氣）、《鈣之製作及性質》等一系列文章，將及時系統地介紹了銅、金瓦、鈤、氬、氦、鈣等化學新元素的發現及其特性。這些元素都是 19 世紀後 30 年間的重大發現。

杜亞泉以自己對最新科學技術成果的敏銳性把握，在較短的時間內以較快的速度向國人介紹了世界科技發展的前沿和動態，積極誘導國人發展科技，擺脫愚昧，開闊了民眾的視野，「促進了我國當時自然科學發展的進程，

〔註23〕恩格斯：《自然辯證法》，北京：人民出版社，1955 年，第 44 頁。
〔註24〕魯迅：《集外集》，北京：人民文學出版社，1959 年，第 16～21 頁。

具有承前啓後的作用」，〔註25〕這也印證了他在雜誌的封面用篆體寫的「氫線」二字的寓意：「氫『富傳電之性』，『成許多之光』，以雜誌爲傳播光明的工具」。〔註26〕

1860 年德國卡爾斯魯厄召開首屆世界化學家會議後，原子一分子學說得到了世人的普遍的認同，成爲自然科學發展的重要理論基礎。杜亞泉對此潛心研究，在《亞泉雜誌》第 1～4 期上，先後發表《質點論》和《化學理論》，率先向國人介紹了原子一分子學說，並以理想氣體定律爲例，對該理論的應用作了討論，爲幫助國人深入瞭解分子學說奠定了基礎。

1900 年 11 月 29 日杜亞泉在《亞泉雜誌》上發表了自己新編的化學元素表《化學原質新表》，內含 76 種元素。與此相聯繫，杜亞泉即在 1901 年 3 月 13 日第 6 期刊登虞和欽的《化學週期律》一文，從而揭示了他在《化學原質新表》中提及的「依原點重率」序次的規律，「以冀與週期律相核證」，並明確指出，這是「近來新得之學理，向來譯書未曾述及」〔註27〕。爲使讀者進一步認識化學元素及其週期律，該刊還先後發表了《述銃鎵鍺之性情》、《論氫》、《論歇倫謨》《鈣之製作及性質》等，分別介紹了這些新元素的發現及其特性。尤其是銃鎵鉬的發現及其性質與預言相符合，大大增強了國人對元素週期律意義的認識。「介紹銃、鎵、鍺三種元素的性質。當時國內尚無詳細的報導，杜先生聯繫元素週期律的發展史，將這三種元素的性質較爲系統地介紹給我國化學界，可以說填補了一個空白。」〔註28〕

〔註25〕 高峻：《中國最早的自然科技期刊》，《出版史料》，2003 年第 2 期，第 95 頁。

〔註26〕 這是張子高、楊根在 1965 年第 1 期《化學通報》中所闡明的觀點，比較貼切。恰當。詳見張子高、楊根：《介紹有關中國近代化學史的一項參考資料——〈亞泉雜誌〉》，《化學通報》，1965 年第 1 期，第 58 頁。當然，對於「氫線」二字還有另外的解釋。《新中醫藥》，1956 年 9 月號載朱孝慈《杜亞泉的生平及其醫學學說》一文，其中提到：「近代科學家杜亞泉 1873 年生於紹興傖塘，原名煒孫，字秋帆。幼年看到滿清政府的政治腐敗，國勢衰弱，無意科名，即專力數、理、化、博物。先在紹興中西學堂任教，後到上海創辦亞泉學館，編輯《亞泉雜誌》。以後就以亞泉作爲別號，亞從氫省，泉從線省，自謂生在世上，不派用場如化學原質的氫，沒有體面如形學的線，是一種自謙的說法。」與此同義，蔡元培在《杜亞泉君傳》中說及到：「君姓杜，生於舊會稽縣傖塘鄉。原名煒孫，字秋帆，自赴滬設立亞泉學館、發行《亞泉雜誌》後，遂以別字亞泉行。亞從氫省，泉從線省。自謂在世無作用如原質之氫，無體面如形學之線也。」

〔註27〕 杜亞泉：《化學原質新表》，《亞泉雜誌》，1900 年第 1 期。

〔註28〕 謝振聲：《我國最早的化學期刊——〈亞泉雜誌〉》，《新聞與傳播研究》，1987

20 世紀初葉，科學技術期刊可以說是鳳毛麟角的新生事物。杜亞泉踏著晚清以來徐壽、華蘅芳、李善蘭科學啓蒙的足跡，在推進中國近代科技發展的征程上傾力揮灑著自己的辛勤汗水。

（二）堅持辦刊宗旨和內容的一貫性

綜觀杜亞泉自辦或主編的 4 種期刊，有一個明顯的特點，就是四者的辦刊宗旨和欄目透露出一致的理念：向國人播散科學知識，助力科學救國。

杜亞泉在首期《亞泉雜誌》序中明確提出：「揭載格致算化農商工藝諸科學」，內容涉及化學、數學、物理學、生物學、地學等自然學科，主要以化學爲主。《亞泉雜誌》停刊後，普通學書室改發行《普通學報》。該刊首頁書有主編杜亞泉的題詞：「支部之先聲，學生之好友」，確定的宗旨爲：「欲使我國士大夫咸吐露其思想，傳播其知能」〔註29〕，開設 8 個欄目（見表 14：《普通學報》開辦的欄目）。

表 14：《普通學報》開辦的欄目

欄目名稱	欄目包含內容
算　學	代數、幾何、三角、算學
格　致	化學、質學
博　物	生理、衛生、礦物、動物
經　學	心理、倫理、宗教、哲學、政法
史　學	中外地理、歷史
外國語	外國語
學　務	學校教科章程、留學生通訊、新圖書評論
文　學	文典、修辭、小說、詩歌

儘管附帶有文史哲和教育信息，但其依然以傳播自然科學爲主，尤其是以地質學、動植物學、數學、物理學、化學方面的爲多。《中外算報》是一份數學專業期刊，宣傳數學知識顯而易見。1911～1920 年商務印書館當局任命杜亞泉擔任《東方雜誌》主編。他上任後即進行大刀闊斧的改革，擴大版面，刷新內容，在第 8 卷第 1 期刊登廣告：「國家實行憲政之期日益迫，社會上一

年第 3 期，第 200 頁。
〔註29〕杜亞泉：《徵稿啓事》，《普通學報》，1901 年第 2 期。

切事務皆有重重改進之觀。我《東方雜誌》刊行以來，已閱寒暑，議論之正確，記載之翔實，既蒙當世閱者所許可。顧國民讀書之欲望，隨世運而俱進，敝社同人不得不益竭綿力以謀改良。茲於今春擴充篇幅，增加圖版，廣徵名家之撰述，博採東西之論著，萃世界政學文藝之精華，為國民研究討論之資料，藉以鼓吹東亞大陸之文明。」〔註30〕使東方雜誌由原來以彙編為主的資料性雜誌一躍成為以發表論著為主的自然科學和社會科學的綜合性雜誌，極大地豐富拓展了現代雜誌的內涵和外延，實現了《東方雜誌》歷史上的「革命性」突破，代表了現代雜誌發展的新趨向，像後來綜合性雜誌《大中華雜誌》，就大體沿襲套用了此時《東方雜誌》的模式，隨即「銷行 1 萬份以上，打破了歷來雜誌銷數的紀錄。」〔註31〕儘管此時他已將注意力轉向中國文化價值重建的討論，但是杜亞泉依然沒有放棄對科學的傳播。值得一提的是，他執筆政期間，就為《東方雜誌》增設了專門發表科技論文的欄目「科學雜俎」，另外「內外時報」和「理想小說」也不時地發表科普論文。例如（見表15：杜亞泉主政期間《東方雜誌》所發表的科技論文）。

表15：杜亞泉主政期間《東方雜誌》所發表的科技論文

科普論文類型（欄目）	論文名稱
科技哲學	宇宙連續論、佛教與科學、宇宙之大觀
科技發明發現	空中飛行器之略說、動物與催眠術、乾電池之製造法、一九一九年萬國化學原子量表、雷挺及其效用、說時針、液體空氣、美國無線電之改良、陶瓷器之電鍍法及其價值
科技應用	空中戰術、南極探險之效果、煤油之新用途
氣象礦產工程	地震之研究、最近世界石油產額之變化、中國西部植物志、巴拿馬運河工程紀、津浦鐵道之黃河大鐵橋
心理醫藥衛生	笑之研究、夢之研究、各國之紅十字事業、論鮮果之滋補力、土葬與公共衛生、鼠疫之預防及看護法、衛生之研究
科技插圖	人造之日光、最近之世界大飛行家、鐳錠之研究、最新式之黎盎水雷、英德之空中戰爭、駕救傷車婦女整理機件圖、意大利地震後之慘象、巴拿馬運河之工程、甘肅壯族黃河鐵橋、萬國鼠疫研究會開會攝影

〔註30〕 杜亞泉：《辛亥年東方雜誌之大改良》，《東方雜誌》，1910 年第 11 期。
〔註31〕 章錫琛：《漫談商務印書館》，見商務印書館：《商務印書館九十年》，北京：商務印書館，1987 年，第 112 頁。

科學雜俎	蟻力可敬、發光之蛙及蟹、英人之食牛量
內外時報	金魚之特種、運送火車之船、近代製紙法之變遷、暈船之原因、自流井產鹽狀況
理想（科幻）小說	新飛艇、元素大會
科學文稿	理科小識、食物之養生法、鐳錠發明者居里夫人小傳
科學著述	食物與衛生、鐳錠

據統計，此間（第 8～16 卷）《東方雜誌》刊載的科技論文（圖）共計 686 篇（幅）（見表 16：《東方雜誌》第 8～16 卷刊載的科技論文數量統計），是《東方雜誌》發展史上科學傳播力度最大，宣傳效果最好的時期。

表 16：《東方雜誌》第 8～16 卷：刊載的科技論文數量統計

卷　　次	8	9	10	11	12	13	14	15	16	總計
文章（篇）	87	47	59	22	48	56	74	80	69	542
插圖（幅）	26	14	16	5	23	27	21	10	2	144
總　　計	113	61	75	27	71	83	90	90	71	686

故而有人這樣總結說：「《東方雜誌》三十年的歷史，可以劃分三個時期：從創刊到第七卷止，可以說是草創時期。第八卷起，內容形式大加改進，為第二時期。第十七卷起改為半月刊，為第三時期。杜亞泉先生主編《東方》，便在這第二個時期，先後共歷九年。」〔註 32〕概觀杜亞泉的一生，無論走到哪裏無論身任何職，以推重科學、知識啟蒙成為他矢志不渝的堅持。在杜亞泉看來，離開科學知識和科學方法的掌握去談科學和民主，是對科學的偏離，他將其稱之為「知識蒙昧、感情熱烈」和「逞意氣」，所以不管社會的政治如何變革，啟蒙的風潮如何變換，他一直堅持著知識啟蒙，讓自己看上去有些為了知識而知識的「迂腐」。〔註 33〕杜亞泉以《東方雜誌》為舞臺，始終沒有放棄對科學教育的關注，儘管他使《東方雜誌》「隨世運而俱進」，但從未放棄過期刊傳播這塊陣地，其傾力科學教育的良苦用心及其深遠影響，是該刊其他兩個時期和當時其他期刊無與倫比的，在中國近代期刊科學傳播之

〔註 32〕　胡愈之：《追悼杜亞泉先生》，《東方雜誌》第 31 卷第 1 號，1934 年 1 月。
〔註 33〕　汝艷紅：《知識啟蒙——〈東方雜誌〉對近代啟蒙思潮的貢獻研究》，《山東社會科學》，2010 年第 2 期，第 176 頁。

改革史上寫下了輝煌的一頁。

　　需要特別說明的是，《普通學報》停刊後，由虞和欽任主編的《科學世界》成爲其續刊。這可有其發行公告得以證實：「本報自開辦至今共出五期，今因同志諸君另辦科學世界未能再續，凡訂閱普通學報十期者，除前寄五期外，其餘五期即以科學世界三期交換，仍由普通學書室發行。」〔註 34〕鑒於它由普通學書室發行，其稿件的刊登不無受杜亞泉辦刊方針的影響，另外從發表在《科學世界》上的科學論文內容也足以說明延續了杜亞泉的科技編輯思想。其實，虞和欽早就是《亞泉雜誌》和《普通學報》的重要撰稿人。

　　堅守辦刊宗旨和內容的一貫性，屬行風格延續，有利於形成期刊品牌和完全地貫徹編輯的思想，能夠使人較爲全面、系統、深刻地把握某一科學教育思想的實質，提高科學傳播效率。杜亞泉在此作出了表率。

（三）創新欄目，貼近民生

　　《亞泉雜誌》第 1～10 期均設有「問題答問」專欄，像「化學問題」、「算學問題」、「質學問題」、「微積答問」、「算題答問」，解答讀者提出的問題，對問題展開深入的討論，力求使科學知識向縱深傳播。爲某一學科專設一個問題專欄，這在中國近代科技期刊傳播史上，當屬杜亞泉首開先河。「化學問題」專欄解答了不少讀者提出的問題，收到了良好的效果。這種作者與讀者的互動，符合科技期刊傳播的規律。「推崇互動是科技學術期刊傳播的特點之一，也是其與別的傳播媒體最大區別的地方。它是一種交互式的傳播方式，借助這種方式，信息的提供者與接受者之間經常性地進行角色的互換，或作者與讀者之間的互換，或審稿者與供稿者之間的互換，或讀者與審者之間的互換，或編者與作者之間的互換，等等。正是基於這種互動，才使得信息的提供者與受眾之間搭起了互相學習與交流的平臺。它允許信息傳播的過程可以是討論式的，也可以是爭鳴式的，眞正體現『學術面前人人平等』。討論或爭鳴的結果，開闊了視野，拓寬了思路，啓迪了智慧，激發了靈感。」〔註 35〕一則可以修正或者補充研究結果，最後形成一個比較完美的理論體系，二則可以把其他領域的研究成果引進過來，移植到自己的研究領域，實現突破性進展，還可以使傳播者或者科學研究者深受啓發，創造出更新的理論成果。

〔註34〕《科學世界・發行公告》《科學世界》第 2 期，1903 年 4 月。

〔註35〕杜利民、陶立方：《科技學術期刊傳播特點研究》，《編輯學報》，2006 年第 3 期，第 164～165 頁。

　　《亞泉雜誌》第 10 期發表《日本太陽雜誌工業摘錄》，詳細闡釋了「日本著名之《太陽雜誌》中所輯工業世界，載近世新發明之理」，以啓迪國人「近年雜誌中摘錄若干以備留心工業者之採擇」。其後中國近代科技期刊「科技文摘」欄目正源於此。杜亞泉基於自己「於修業之暇，攜器具藥品赴市場名勝大眾聚集之所，演說實驗。……借爲開通風氣之助」的化學講演實踐和西方科學講演形式，首倡在中國大興科學講演，並將這種體裁作爲《亞泉雜誌》的稿件體裁之一，這無疑擴大了學術交流。《化學奇觀》（杜亞泉：《亞泉雜誌》第 3 期）、《論物質的溶和》（杜亞泉：《亞泉雜誌》第 9 期）就屬此類。另外，《東方雜誌》的「科學雜組」、「理想小說」也是其首創，分別發表過《蟻力可敬》、《發光之蛙及蟹》、《英人之食牛量》和《新飛艇》。而「理想小說」就是後來「科幻小說」的源頭。

　　爲了使科學傳播走向大眾，貼近民生，深入民心，杜亞泉注重以通俗的語言，向百姓講解一些科技常識在日常生活中的應用方法，以激發民眾對科技的興趣。這對於人們形成愛科學、學科學、用科學的良好民風不無裨益。像《麻布洗濯法》（杜亞泉：《亞泉雜誌》，1900 年第 1 期）、《顯影藥水方》（杜亞泉：《亞泉雜誌》，1901 年第 4 期）、《配合各色玻璃材料方》（杜亞泉：《亞泉雜誌》，1900 年第 2 期）、《鼠疫之預防及看護法（譯文）》（杜亞泉：《東方雜誌》第 8 卷第 2 號，1911 年 4 月），等等。科技知識在向受眾傳播的過程中，爲了實現知識的共享，達到知識的社會化，必須將科技這一人類的思維進行「符號化」〔註 36〕，使之變成受眾容易理解或接受的形式。杜亞泉對科技知識的通俗化傳播，適應了當時國人對科技知識的需求，促使科技一步步走向民眾，啓迪民眾自覺應用科學改變生活。

三、爲中國近代未來科學發展提供參照資料

　　在圖書和期刊傳播的過程中，杜亞泉高瞻遠矚，以一位戰略家的眼光，審時度勢，著書或者發表論文向國人介紹未來中國科學發展可資借鑒的資源，有力地促進了中國近代科學教育駛入快速發展軌道。

　　由他主編的《簡易格致課本》在講授科學知識的同時，向人們透露出「使人讀畢此書，能於普通之現象，無所熒惑，而又得以窺見理科之大體。」

〔註 36〕陶鶴山：《傳播學的危機與重構》，《新聞與傳播研究》，2002 年第 2 期，第 31
　　　　～37 頁。

〔註37〕《化學工藝寶鑒》包含30餘項千餘種重要工藝，為國貨製造家們提供了一份詳盡的技術參考資料。《礦物測驗及截片法》著力研討了礦物的分離方法，礦物的硬度、密度、化學成分的測定方法及定量分析，截片的觀察、製作和顆粒測定方法等，為科學實驗者探究礦物的性質提供了具有較高參考價值的信息資料。

特別值得一提的是，連載在《亞泉雜誌上》第7、8、10期上的《日本理學及算學書目》一文，分門別類開列了20世紀初日本自然科學著述的全貌（見表17：《日本理學及算學書目》）。

表17：《日本理學及算學書目》

科目名稱	科目書目數量（種）
算　術	255
代數學	69
幾何學	91
三角學	35
高等數學	20
對　數	8
數學雜書	18
橫文數學	35
物理學	64
化　學	86
博物學	18
生物學	4
動物學	36
植物學	67
礦物學	27
理學總記	36
人類學	5
天文學	9

〔註37〕杜亞泉：《簡易格致課本》，北京：商務印書館，1906年，第1頁。

氣象學	7
地質學	16
地震學	2

若依據現代學科劃分統計則有六大類，總計 872 種（見表 18：現代學科標準下《日本理學及算學書目》反應出的學科書目數量），可謂蔚為壯觀。

表 18：現代學科標準下《日本理學及算學書目》反應出的學科書目數量

科目名稱	科目書目數量（種）
數　學	531
物理學	64
化　學	86
生物（博物）學	125
天文學	9
地　學	57

它對引導國人釐清當時發達國家科學發展概況和我國科學教育中學科的劃分、教科書的選擇具有參考借鑒價值。

四、培養打造高素質的作者群和編輯團隊

自《亞泉雜誌》停辦後，杜亞泉就著力為《普通學報》培養相對較為固定、層次較高的作者群，且遍及領域廣泛：史學、算學、經學等學科；規定每篇文章都標明其作者，尤其是當時的名家。例如，中國 20 世紀初期採用傳統方式研究中國數學的著名數學家周美權曾在《普通學報》發表《數之性情》、《九九支談》、《幾何求作》等 11 篇算學文章；第 1 期末尾《章程揭要》「執筆贊助諸君」就有周美權、林蕊初、謝洪賚、蔡元培、虞自勳等人。其中，周美權、謝洪賚、蔡元培等人發稿量共 28 篇，占總發文量的 1／3 以上。這批名家作者其後成為《科學》、《東方雜誌》等期刊的重要撰稿人。

作者是科技信息的提供者，從根本上關係到科技期刊的生存和發展，在科學傳播中的地位首屈一指。「因為稿源是科技期刊賴以生存的基礎條件，是判斷期刊質量的一個重要標準。他決定著科技期刊信息的傳播效果，只有作者提供優秀的稿件，科技期刊才能傳播有用、真實、科學的信息；只有具備

豐富的稿源，編輯才可能擇優刊文，期刊質量才有可靠的保證。……作者隊伍是科技期刊的一筆財富，它的充實與穩定，關乎期刊的生存與發展。」〔註 38〕杜亞泉對作者群的高度重視和傾力培養，無疑為《普通學報》和後來其他期刊的發展插上了騰飛的翅膀。

為使科學教育用書編輯事業後繼有人，杜亞泉不遺餘力提攜後學，為商務印書館培養了第一個自然科學編輯團隊。作為理化部部長，杜亞泉直接引進紹興籍的理科編輯人才。茅盾先生曾回憶說：「理化部是紹興幫，除校對之類也許不是紹興人。」〔註 39〕隨後杜亞泉對人員作了具體分工，以明確他們的責任，早日成為專業人才：自己分擔植物、礦物編輯；壽孝天、駱師曾編輯數學；杜就田負責動物學；章錫琛搜集資料、編輯教科書，等等。尤其令章錫琛銘記在心的一件事，就是最初杜亞泉讓他試著翻譯一段日文，接到任務後，「不禁汗流浹背，……勉強成了篇，送給亞泉先生。他替我改削了一下，我再拿出來和原文對看，把自己譯錯的地方記下來，做下次的預備。……經過大半年之後，漸漸覺得順手，翻譯的文字也漸漸多起來了」〔註 40〕。胡愈之進理化部後，杜亞泉悉心指導他在實際工作中鍛鍊，逐漸成長起來：由起初的練習生到編輯助理再到《東方雜誌》主編，建國後胡擔任新中國第一任新聞出版署署長，難怪胡由衷地稱呼杜亞泉為「忠厚長者」。

正是在杜亞泉的言傳身教下，商務印書館理化部才壯大了編輯團隊的整體實力，才編輯出了極具競爭力的符合時代潮流的自然科學書籍。這不僅僅提升了商務印書館在當時的地位，而且更重要的是使近代科學傳播有了常續不斷的人才保障，將科學教育事業引向了一個更新的階段和更高的層次。

第二節　杜亞泉與中國近代中西科學融通
——以《植物學大辭典》和《辭源》為例

科學是西方近代文明的本質，這是近代國人的共識。「科學是人類上進的至寶，是西方民族優越的憑據」〔註 41〕；「西洋社會重因果，故在學術上產生

〔註 38〕 王映苗、楊晉紅：《科技期刊傳播過程的構成要素》，《編輯之友》，2009 年第 6 期，第 42 頁。
〔註 39〕 沈雁冰：《茅盾全集》第 12 卷，北京：人民文學出版社，第 436 頁。
〔註 40〕 章錫琛：《從商人到商人》，《中學生》，1931 年第 11 期。
〔註 41〕 《科學月刊》第 1 卷第 1 期，1929 年 1 月。

了科學，……中國科學落後，所以民智落後。」〔註42〕杜亞泉也深感「西洋社會在科學上勝於吾儕」，曾在《個人之改革》中明確指出：「吾儕自與西洋社會接觸以來，雖不敢謂西洋社會，事事物物，悉勝於吾儕，為吾儕所當效法，然比較衡量之餘，終覺吾儕之社會間，積五千餘年沉澱之渣滓，蒙二十餘朝風化之塵埃，癥結之所在，迷謬之所叢，不可不有以擴清而掃除之。」〔註43〕言外之意，我國應該向西方學習的地方很多，尤其是科學。綜觀其科學傳播生涯，為實現「科學救國」的宏願，他早年曾摒棄傳統中學轉而傾慕西學，但在科學傳播的態度上，卻是十分理智的，認為：「夫先民精神上之產物，留遺於吾人，吾人固當發揮而光大之，不宜僅以保守為能事，故西洋學說之輸入，夙為吾人所歡迎」〔註44〕；「對於固有之文明，乃主張科學的刷新，亦不主張頑固的保守；對於西洋文明，亦主張相當的吸收，惟不主張完全的仿傚而已。」〔註45〕具體說來，杜亞泉秉持中西科學融通觀，一方面大力弘揚中國傳統科學，一方面積極吸納西方先進科學，「謀溝通中西以促進整個中國文化之光大」〔註46〕。

一、大力弘揚中國傳統科學——以《植物學大辭典》為例

商務印書館的當家產品之一《植物學大辭典》，和《動物學大辭典》一道被譽為「科學界空前巨著」，融匯了古今中外的科學知識，內容豐富、集取廣博，前所未有。《動物學大辭典》融匯了古今中外的動物學知識，書中有各種逼真形象的動物彩圖、巨量的動物術語圖解、著名動物學家的肖像、動物分佈圖、地質系統及動物學的分類條目、年代對照表等，較好地融科學性、趣味性、知識性於一體。《植物學大辭典》，1918年2月上海商務印書館初版發行，主編為當時著名的農學家和植物學家杜亞泉、孔慶來、吳德亮、李祥麟等十三位學者。它引用了李時珍的《本草綱目》，並大規模整理了祖國幾千年對農作物、植物、中藥的零散記載，借鑒充實世界各地對植物、農作物的記載，首次次運用了植物的日文名稱和拉丁文名稱，融中文目次、日本假名索引

〔註42〕黃致中：《科學與民主》，《科學月刊》第14期，1936年11月。

〔註43〕杜亞泉：《個人之改革》，《東方雜誌》第10卷第12號，1914年6月。

〔註44〕杜亞泉：《迷亂之現代人心》，《東方雜誌》第15卷第4號，1918年4月。

〔註45〕杜亞泉：《新舊思想之折衷》，《東方雜誌》第16卷第9號，1919年9月。

〔註46〕何炳松：《商務印書館被毀記略》，見商務印書館：《商務印書館九十五年》，北京：商務印書館，1992年，第238頁。

和西文索引（拉丁文索引）於一體。經當時教育部審定批准，通令各省通飭採用。蔡元培曾作序道：「社會學術之消長，觀其各種辭典之有無與多寡而知之。各國專門學術，無不各有其辭典，或繁或簡不一而足。……以視今日植物分類學，不免淺陋可笑。又其書本言藥物，諸所詮釋，亦非可與今日之形態學、生理學相頡頏。然其與分類之法、形態生理之關係，則既已有所考察，不可謂非科學之權輿矣。歐化輸入，而始有植物學之名，各學校有博物教科，各雜誌有關乎博物學之記載。而植物學之名詞及術語，始雜出於吾國之印刷品。於是自學校師生以至普通愛讀書報者，始有感於植物學辭典之計劃。集十三人之力，歷十二年之久，而成此一千七百有餘面之巨帙。吾國近出科學辭典，詳博無逾於此者。所望植物以外各種學術辭典繼此而起，使無論研究何種學術者，皆得有類此之大辭典以供其檢閱，而不必乞靈於外籍，則於事誠便，而吾國學術進步之速率，亦緣是而增進矣。」〔註 47〕時任蘇州東吳大學系主任的美國生物學家祈天錫讚譽說：「自有此書之作，而吾人於中西植物之名，乃得有所依據而奉爲指南焉。……足以應學者之需要。」〔註 48〕

眾所周知，《本草綱目》可謂中國自然科學的瑰寶之一。它是世界上影響最大的一部藥物學乃至博物學巨著，也是歷來本草書籍中徵引最廣的一部書籍，尤其是它的分類法，在國際上享有較高聲譽。李時珍依據藥物的自然屬性和生態條件對藥物進行分類。他首先把藥物分爲動物藥、植物藥、礦物藥三大分支；分支下又分草木、蟲獸、金石等 16 部；每部又分若干類，共有 60 類。這種分類方法綜合了明代以前動物學、植物學、礦物學和冶金學等多種學科的知識，是當時世界上最先進的分類方法，比瑞典博物學家林納的植物分類方法早兩個世紀。《本草綱目》問世後，曾先後被譯成日、朝鮮、俄、拉丁、法、英等多種文字，廣爲流傳。達爾文稱《本草綱目》爲「中國古代的百科全書」。直到今天，國內各大圖書館仍然把《植物學大辭典》和《動物學大辭典》列爲重要的參考工具書，足以表明杜亞泉等人大力弘揚祖國傳統科學，努力將其匯入世界科學的海洋裏。

二、積極吸納西方科學——以《辭源》爲例

《辭源》是我國第一部大型綜合性辭典，中國百科性大型詞語工具書的

〔註47〕 蔡元培：《植物學大辭典》序二，上海：商務印書館，1918 年，第 2 頁。
〔註48〕 祈天錫：《植物學大辭典》序三，上海：商務印書館，1918 年，第 3 頁。

前驅先導。據汪家熔介紹,《辭源》原是一部綜合性詞書,同現在見到的以古漢語為主的修訂本不同,有大量理科詞匯。這些詞的條目的寫定(漢字是方塊字,從來書寫時詞與詞間不分開,所以現在第一部就是要寫定,確定某個詞是由某幾個字構成。)、釋義都是亞泉先生和理化部的先生們擔任的。我國從《爾雅》和解釋《爾雅》的書外,詞書歷來只有「字書」,解釋一個一個的字,基本上沒有複詞的概念,更沒有理化詞匯釋義的參考。簡單如「水」字,它的釋義也要創造:因為舊時詞書,從東漢《說文解字》開始,至清末,千餘年,「水」的解釋都是:「水,準也。」直到《辭源》,亞泉先生在詞書中開始作了科學解釋:「水,氫氣氧氣化合之液體,無色無臭。攝氏表百度則沸,冷至零度凝為冰。」筆路藍縷,《辭源》之功績在此。〔註49〕其實,從這一釋義中也透視出杜亞泉十分注重汲取西方的科學成果,熔中國傳統科學於一爐。

　　誠如杜亞泉為陳漢翹的《中西驗方新編》作序所指出的那樣:「夫學術者在於實事求是,本無國界可言,安有中西之別?融會而貫通之,實為現今學者之責任?」〔註50〕在此,西方科學和中國傳統科學有機地結合在了一起。他將這一理念運用到科學編輯中,無疑助推了自然科學辭書的成功出世和深遠影響。它傳播給國人的不是孤立的優秀科學成果的「個體」,而是匯聚全人類科學精粹的發達的「整體」,從而哺育了一代國人的科學知識根基,大大推動了中國近代科學教育的發展。這種既注重弘揚中國傳統科學,又不盲目崇仰西方科學的思想,在當時彌足珍貴,至今仍然閃耀著辯證的思維和理性的光芒。

第三節　杜亞泉與近代「科學的中國化」
——以《自然界》的辦刊宗旨和對化學用語的「劃一」為例

　　近代科學教育界人士在對以往教育經驗的總結和反思中,體悟到紮實有效推進科學教育,絕對不能把主要精力集中在對西方科學知識的簡單介紹和

〔註49〕 汪家熔:《杜亞泉對商務印書館的貢獻》,見許紀霖、田建業編:《一溪集:杜亞泉的生平與思想》,北京:三聯書店,1999 年,第 211～212 頁。

〔註50〕 杜亞泉:《中西驗方新編敘言》,《東方雜誌》第 13 卷第 11 號,1916 年 11 月。

科學研究方法的機械搬用上，而必須對其進行中國化的改造，即科學教育的本土化建設。在近代科學教育史上，蔡元培先生可以稱得上是「『科學中國化』的先鋒」。他不僅大力倡導注重科學教育，希望青年學生要有「猴子樣的敏捷」——「快」學西方科學技術：「這個時代的特徵就是『快』。……凡百科學，無不日新月異在那裡增加發明。我們縱不能自己發明，也要迎頭趕上，學上去，這都是非快不為功的」〔註51〕、「一個民族或國家要在世界上立得住腳，——而且光榮的立住——是要以學術為技術的。尤其是在競爭劇烈的二十世紀，更要依靠學術。所以學術昌明的國家，沒有不強盛的；學術幼稚和知識蒙昧的民族，沒有不貧弱的」〔註52〕，而且繼承中國教育重視人文精神的傳統，提出了「文化運動不要忘了美育」、「以美育代宗教」的主張，並創建了富有中國特色的中央研究院。誠如張準所倡言的：「欲言教育，必從科學的方法上著手，凡各種科學全恃他人已得之結果，必自己加以研究實驗，此蓋真正的教育科學開端之時也。」〔註53〕杜亞泉在此作出了自己的努力。

一、大力推進《自然界》科學傳播的「本土化」建設

冠以商務印書館「十大期刊」之一的《自然界》為「科學的中國化」作出了努力，其宗旨是：「發掘中華五千餘年的科學瑰寶，實現『科學的中國化』」，為我國荒涼的科學期刊園地增添了綠色。戈公振在《中國報學史》中所言：「《自然界》於民國十五年一月，發刊於上海，為杜亞泉、周建人等所編輯。」當時該刊由商務印書館博物部負責編輯出版，部長是杜亞泉，《自然界》的創刊與編輯方針，主要是由他策劃和制訂的，必然會受其科學編輯思想的影響。杜亞泉在《自然界》「發刊旨趣」中明確指出：「從別方面看來，總覺著這種科學，仍然是西洋的，不是我們中國的。好像一枝荷蘭瞿麥，栽在中國式的花園裏，總顯出他是舶來品，不是土產……科學上的理論和事實須用我國民所習見的現象和固有的經驗來說明」，因此，在中國普及科學，必須考慮受眾對象，採取讓普通民眾能夠接受、喜聞樂見的形式，這樣才能收

〔註51〕 蔡元培：《蔡元培全集》第5卷，北京：中華書局，1988年，第478頁。

〔註52〕 蔡元培：《蔡元培論科學與技術》，石家莊：河北科學技術出版社，1985年，第309～312頁。

〔註53〕 張準：《近五十年來中國科學教育》，見舒新城編：《近代中國教育思想史》，北京：中華書局，1932年，第288頁。

到科學教育的實效。他舉例說：「我國民以乳腐、黴荄梗等經過發酵的植物性食品下飯的很多：價值很廉，營養價值卻很大，旨味既佳，消化又易，能促進食欲。西洋雖習用酸牛酪，但對於發酵的植物性食品，向無經驗，故此等有益細菌不加注意。我國學校中講授細菌，只把病源細菌講得淋漓盡致，不曾把有益細菌分別說明。容易使學生把一切細菌都認做病源細菌。」〔註54〕他倡言不僅僅要在語言上做到「中西融通」，作出科學的整理，創造出「中國化」的科學語言，更重要的是使西方科學與中國傳統科學眞正發生如膠似水的融合，結合中國實例，實現期刊科學傳播的「本土化」。例如，杜亞泉曾在《亞泉雜誌》第 10 期（1901 年月 9 日）發表《防腐及儲藏方法》，用通俗化的語言向人們講述物理、化學的防腐和儲藏原理。並明確指出「國民對於科學上的貢獻，決不止於發明磁鍼和創造火藥二事。我們應該在我們祖先遺下的字紙簍裏，細細檢查一番，發掘五千餘年內蘊藏的瑰寶」〔註55〕，規定編輯方針是「登載關於中國的自然物，自然現象及農業、工業上的各項研究、調查爲主，並酌登新學說及書籍介紹、學術評論、雜錄等項」〔註56〕，以此來彰顯和弘揚中國傳統的科學成就。

　　顯而易見，《自然界》「發刊旨趣」和「編輯方針」的制定和實施，與杜亞泉所一貫主張的中西文化折衷互補、兼收並蓄的理念不無一致，該刊在其領導下爲「科學的中國化」建設所作出的貢獻是不容忽視的。

二、爲化學名詞術語確立「中國標準」

　　杜亞泉對化學名詞術語的「劃一」工作，也是他力求實現「科學的中國化」的突出表現。當時的啓蒙學者認識到，爲了利於科學傳播，使其更好地普及於民間，必須有國語的科學或者科學的國語。科學中國化的第一條件是要「在文字語言上」，「從考訂名詞術語著手」。杜亞泉認爲，在中國科學知識的不易普及，固然因爲科學本身的理論細密和事實繁複，但有時因爲文字語言上藝術的拙劣。爲此，爲了推進科學的順暢普及，務必對科學術語、名次進行規範，實施「劃一」，「用本國的文字語言爲正確的標示」，這是實現「科學的中國化」的基礎性工作。他撰文指出：「我國已譯化學書雖不多，然名目參差百出。肄業者既非參考，續譯者又無所適從，且近世檢出之新原質名目

〔註54〕　《自然界》編者：《發刊旨趣》，《自然界》，1926 年第 1 期，第 1 頁。
〔註55〕　《自然界》編者：《發刊旨趣》，《自然界》，1926 年第 1 期，第 1 頁。
〔註56〕　《自然界》編者：《發刊旨趣》，《自然界》，1926 年第 1 期，第 1 頁。

未立無可稽考。」當時對西方化學元素的漢譯名比較混亂，或根據中國傳統的物質名稱，或結合中西進行造字，或根據西方元素名稱音譯原則。科學名詞術語亟需「劃一」。爲此，杜亞泉「平日寒齋批閱，常作表以便檢。偶有記錄，即借表以爲準。其舊有之名大都從江南製造局譯本者居多，並列他書譯名之異者，若未有舊名，不得已而杜撰之，有『米』記者皆是，非敢自我作故」，並對先前「無名」者命了新名，最終發布消息：「以後，本雜誌中有記述化學者，悉準是表。」〔註57〕《亞泉雜誌》對 73 種化學元素的中、西、日文名稱作了「劃一」工作。其中，已知化學元素 64 種，新發現的元素 13 種，鈹（Be）、氬（Ar）、錯（Pr）、釓（Gd）、銩（Tm）、鐿（Yb）6 種元素已被化學界接受，沿用至今。值得一提的是，杜亞泉開啓了用「氣」字爲部首，「氣」字下面再加一個與該物質讀音一致的漢字來表示某個元素的命名規制，首創「氬」這一化學元素名稱，成爲其得意之作。同時，他在《化學新教科書》附錄之八「本書中無機物命名釋例」中強調：「我國舊譯化學，於合質不立名目，即以分子式爲名，然於教科頗多窒礙。一則不便於稱述，二則初習化學時，斷不能與之言分子式之所由來，而於講授時舉一合質之名，即以分子式示之，必眩惑而不能記憶，而於小學校教科，尤屬爲難。三則合質互相化變時，其性質難於明瞭。……命名之定理，一曰簡便，二曰能表明合質之組成。然合質之組成，隨時代而異其見解。」他汲取並發展了益智書會的命名原則，創立了中國首份化合物系統命名方案。經他整理「劃一」的科學術語名詞，共計 93 種，其中名詞 53 種：分子式、分子量、元素、合金、炭化、色素、金屬、空氣、重金屬、原子、原子價、乾燥劑、蛋白質、貴金屬、溶劑、溶液、溶液沸騰點、飽和液、試驗紙、酸基、酸化物、輕金屬、還原焰、鹽化物、一鹽化醋酸、二硫化鐵、水素、水酸化第一鐵、王水、安母尼亞、多鹽基酸、次亞硫酸曹達、弗素、亞鉛、硝酸、亞硝酸、亞硫酸、炭酸鉛、脂肪、笑氣、窒素、葡萄糖、雷酸水銀、酸素、酵素、醋酸、蟻酸、化合物、有機物、有機酸、光學異性體、同分體、電解物；術語 40 種：中和、中性、分解、中性反應、分解熱、化學記號、化學平衡、化學式、化學作用、化學反應、化學方程序、元素分析、可逆反應、生成熱、可溶性、定性分析、定量分析、定比例之定律、容量分析、液化、揮發、電離、電解、溶解、焰色反應、游離、酸化、酸性反應、蒸餾、滴定、膠化、複分解、濃度、

〔註57〕 杜亞泉：《化學原質新表》，《亞泉雜誌》，1900 年第 1 期。

質量不變之定律、燃燒、還原、糖化、發酵、鹼化、鹽化。這些命名有些已經十分接近現代用語，有些被化學界接受認可，沿用至今。

傳教士與中國科學家著手近代西方化學名詞術語的漢譯傳播始於 19 世紀中葉。徐壽、華蘅芳、傅蘭雅、丁韙良、嘉約翰、何然、瑪高溫、畢力乾等曾為此作出貢獻。他們大多通過圖書媒介傳播西方化學名詞術語，而通過期刊媒介傳播近代西方化學名詞術語，並提出命名思想和給出規範化標準，則始於杜亞泉主編的《亞泉雜誌》。他為國人確立了科學名詞術語的「中國標準」，增進了科學用語的專業化建設，使中國有了自己的與世界接軌的科學用語，有力地掃除了科學傳播的語言障礙。

美國社會學家小李克特在 1972 年出版的專著《科學：作為一個文化過程》中，明確提出，把科學作為一個文化過程加以研究。那麼，從文化過程來看，西方科學被引入中國，能否與中國傳統科學「共融」？正如有學者指出的，「我們培植科學，如同培植樹木一樣，西洋已有的方法，我們當然學習，西洋已有的經驗，我們當然利用。但是，我們將科學搬來以後，必須使它在中國生根抽芽，發榮滋長，成為中國的科學。」〔註58〕培根曾強調指出，知識的力量不僅取決於其本身的價值大小，更取決於它是否被傳播以及被傳播的深度和廣度。在當時國人科學素養普遍低下的情形下，只能以公眾願意接受的通俗的形式來講解，向其傳播科學信息。杜亞泉秉持開放的心態、辯證的分析和理性的思考，以「科學的中國化」推進科學傳播，理性回答並積極踐行了科學教育的這一實施途徑問題。「印度的佛教，傳到中國，變做中國的佛教；這工作稱為『佛教的中國化』，科學的中國化，也是這樣的意思。」〔註59〕杜亞泉所追求的就是要讓從西方傳入的科學，像佛教那樣在中國生根、開花、結果，即科學教育的本土化。

〔註58〕　查謙：《科學中國化的問題》，見徐正榜、陳協強編：《名人名師武漢大學演講錄》，武漢：武漢大學出版社，2003 年，第 225 頁。
〔註59〕　《自然界》編者：《發刊旨趣》，《自然界》，1926 年第 1 期，第 1 頁。

第六章 杜亞泉與中國近代科學教育總評：貢獻與啓示

作爲中國近代一位先驅性的科學教育家，杜亞泉對中國近代科學教育事業做出了巨大貢獻，其科學教育思想不僅在當時居於重要地位，而且產生了深遠影響，從歷史貢獻與現實啓示上對之予以理性剖析和準確定位，這是深入開展杜亞泉科學教育思想研究的根本要求。

第一節 杜亞泉對中國近代科學教育的歷史貢獻

一、「藝重政輕」論爲國人認識科學救國打開了新視窗

杜亞泉認爲，科學技術與社會政治之間的關係是科學技術「固握政治之樞紐」，這就爲國人認識科學救國打開了新視窗，有利於人們擺脫「政本藝末」傳統思想觀念的束縛，給科學技術在救亡圖存中的價值以一個全新的定位。

在中華民族面臨生死存亡的緊要關頭，究竟什麼是眞正有效的強國富民武器；實現國家的現代轉型，是靠搞轟轟烈烈的政治運動還是潛心引進科學技術，開展科學教育？人們以往一向熱衷於前者。杜亞泉「藝重政輕」論的提出，催國人猛醒：社會政治與科學技術不是本末關係，不是誰主誰次的關係，而是誰決定誰的問題、哪個是基礎的問題。他認爲，科學技術最終決定社會政治的走向；只有優先發展科學技術，不再過度迷戀政治運動，才能挽救國家民族每況愈下的頹勢；只有發展科學技術才可以強國保種。也就是

說，科學具有救國價值。其實，這並不表明杜亞泉漠視政治，而是倡導國人將目光較多地集中在科學教育上。對於國家命運何去何從，他曾與新青年派開展過激烈論戰，先後發表政論性文章 300 餘篇，他是一位關心政治的人。但是其撰文的意圖不在政治，而是竭力扭轉國人過去那種「德成於上，技成於下」的思維模式，鼓勵人們選取科學作爲救亡興國的工具。中國傳統教育是「政治倫理一元定向」的教育，「只研究『事』，不關注『物』」〔註 1〕，重道德、輕技藝。無疑，杜亞泉「藝重政輕」論對科學價值的倡揚，極大地衝擊了當時社會上流行的「政本藝末」論和「中體西用」論，爲改變國人的知識結構，更新思想觀念，激發更多的仁人志士投身到發展科學，實現富國阜民的時代潮流中去找到了一個新的理論依據。

二、開創了「溫和漸進」的「另一種」科學啓蒙路徑

杜亞泉終生以科學救國爲己任，以科學啓蒙爲職志，宣傳科學理性精神，對滌蕩國民陳腐的落後觀念，促使國民走出懵懂愚昧狀態，起了思想啓蒙作用。

尤其是杜亞泉利用科學評析道德和人生，有利於變革國人的思維方式、人生態度和價值取向。這不僅震撼、衝擊了封建迷信觀念，而且有利於國人構建以爭取個性解放爲內涵的嶄新文化價值體系，喚起現代意識的理性覺醒。杜亞泉沿循的是一條「溫和漸進」的啓蒙路線，「在疾風驟雨、全盤西化爲主流的『五四』時期，積極引進科學，力求在傳統與現代、東方與西方之間調適折衷，這種「不合潮流」的孤獨的思想作爲，同樣是爲中國現代化尋找出路的『另一種啓蒙』」〔註 2〕，對封建文化的解構和新型啓蒙文化的重建具有基礎性作用，與新文化運動交相輝映，共同推動著國人思想觀念的更新和演進。

爲此，他將「溫和漸進」的啓蒙路線貫徹至科學編輯之中，促使國人實現理性覺醒。具體表現有：在科學知識的引介上持開明開放心態；在觀點闡發時，力求客觀理性，尤重學理的論辯風格，「彰顯了一種理性、客觀、寬容的科學精神和學者風範，顯示了杜亞泉建立在科學認知基礎上的有別於主流

〔註 1〕 金忠明：《中國教育現代化進程中的「科學困境」》，《華中師範大學學報》（人文社會科學版），2009 年第 1 期，第 108 頁。

〔註 2〕 君虹：《杜亞泉：另一種啓蒙》，《中華讀書報》，2000 年 11 月 15 日，第 014 版。

的以文化方式解決政治問題的啓蒙意識。在『五四』時期東西方文化論爭中，杜亞泉與陳獨秀爲代表的激進思想者爭辯過程中看似保守實則理性、客觀、現實的啓蒙姿態已初露端倪。」〔註3〕

三、首創了「科學的勞動家」的教育目的

　　培育推動實現社會轉型的自力自治的現代新人，鑄造變革社會的有生力量，是杜亞泉科學教育的旨趣。他秉持中西文化調和之道，融科學技術知識技能與古今中外道德品質於一體，在中國近代科學教育史上第一次提出了既擁有科學技術，又勤於服務勞苦大眾、既放眼世界，又胸懷國家民族的獨立自營的現代國民：「科學的勞動家」的教育目的。「科學的勞動家」不僅是「新型」的現代國民，因爲他是體力勞動和腦力勞動相結合、德才兼備的綜合素養的人；而且是「新興」的現代國民，因爲他是當時歷史條件下所需要的，不僅獨立自營，而且負重奮進，甘願服務國家人民。它是杜亞泉科學教育目的的核心概念，也是其獨特創造。能在當時的社會歷史情勢下，提出培育「科學的勞動家」，不能不說杜亞泉具有與時俱進的氣魄和高瞻遠矚的膽識。

　　「科學的勞動家」並不是杜亞泉的空想、幻想，而是基於現實的理想。受過杜亞泉精心栽培的學生很多，其中思想解放、知識淵博、德行純正的人才就有一大批，像周美權（近代著名數學家）、虞和欽（近代著名化學家、曾任《科學世界》的主編）、章錫琛（開明書店創始人）、竺可楨（近代著名氣象學家、教育家）、胡愈之（近代著名出版家、新中國第一任新聞出版署署長）、蔣夢麟（著名教育家，曾任北京大學校長）、王烈（近代著名地質學家，北京大學教授）、黃遠庸（民國四大名記者之一），等等，他們在近代國家救亡和社會進步史上書寫了自己輝煌的人生篇章。從他們身上，使我們看到了杜亞泉爲「科學的勞動家」的追求。

四、對中國近代科學傳播具有創始之功

　　杜亞泉以編纂自然科學書籍和主辦科技（綜合）期刊爲主要途徑，終生致力於科學傳播事業，創造了中國近代科學傳播史上的多項之先。例如：開辦了「亞泉學館」，被譽爲中國近代私立科技大學的濫觴；創辦了第一份由中

〔註3〕　李靜：《杜亞泉與〈東方雜誌〉》，《青海社會科學》，2007 年第 4 期，第 196
　　　　頁。

國人自辦的綜合性自然科技期刊——《亞泉雜誌》；首次向國人引介《化學元素週期律》；鐳和釙等放射性化學元素；首創以「氣」字頭爲部首的單質化學元素命名法；首次命名了鈹（Be）、氬（Ar）、鐠（Pr）、釓（Gd）、銩（Tm）、鐿（Yb）已爲化學界所認同，並沿用至今；最早發行中國第一份數學專業期刊《中外算報》；首創按語言規律，從實詞入手編纂小學語文課本《文學初階》；領銜主編中國近代第一部植物、動物、小學教師科學參考用專科科學辭典《植物學大辭典》、《動物學大辭典》、《小學自然科詞書》；首創「，」，並以圈點《二十四史》作爲實驗。〔註4〕同時以一以貫之的科學期刊辦刊編輯方針，首次開闢《東方雜誌》科普之窗，迎來了被《東方雜誌》出版史上極富個人編輯特色的「杜亞泉時代」。

另外，杜亞泉及其商務編輯所同仁所編纂的自然科學書籍，無論在質量，還是在數量上包括被當時官方審核通過的數量，都是商務其他時期在科學傳播方面所無法比擬的。誠如汪家熔所指出的，杜亞泉領銜主編的《植物學大辭典》、《動物學大辭典》和由他指導編纂的《地質礦物學大辭典》以及《辭源》中的理科詞彙寫定、釋義部份，「至今沒有新的詞書來替代」〔註5〕。可謂篳路藍縷、功莫大焉。

陳思和先生曾指出：「所謂知識分子，是與理想道義責任聯繫在一起的。……知識分子的價值取向是分層次的，一種廣場型的知識分子，還有一種是崗位型的知識分子。而崗位型的知識分子也不僅僅是爲了尋找一個吃飯領薪的職業而已，職業的道德背後仍然有理想的追求和精神的價值所在。」〔註6〕馮驥才先生平常喜歡用「行動的知識分子」一詞，這無疑突出了「走」的意思，「走出書齋，走出名利場，走出是非圈；走進社會，走到民間去，在實際的工作中行動。」〔註7〕在漠視科學技術的年代裏，杜亞泉這位「崗位型的」、「行動的知識分子」胸懷「爲國家謀文化上之建設」的人生理想，始終以罕見的熱忱致力於科學知識的傳播，鞠躬盡瘁。

〔註4〕 材料源自筆者2010年5月21日與田建業先生談話記錄。

〔註5〕 許紀霖、田建業編：《一溪集：杜亞泉的生平與思想》，北京：三聯書店，1999年，第211頁。

〔註6〕 陳思和：《秋裏拾頁錄》，濟南：山東友誼出版社，2005年，第19頁。

〔註7〕 馮驥才：《靈魂不能下跪——馮驥才文化遺產思想學術論集》，銀川：寧夏人民出版社，2007年版，第308頁。

第二節　杜亞泉科學教育思想與實踐的現實啓示

　　歷史研究的重要價值在於爲當前現實活動提供借鑒和啓示。反思杜亞泉科學教育思想與實踐，它給我們留下了諸多富有現實意義的思考。

一、以科學教育爲抓手，助推國家興盛

　　杜亞泉倡導科學技術決定社會政治，以發展科學技術實現救亡圖存。細究起來，他在一定程度上忽視了科學教育的實施需要依靠穩定的社會政治制度作保障。在近代中國民族危機日益加深的情況下，科學連自身都救不了，教育連自身都保不了，根本談不上去救國。也就是說，單靠科學教育自身的力量是不能救國的，但是科學教育可以興國。

　　目前，我國和諧穩定的社會政治環境爲科學教育的開展營造了良好氛圍。我們必須看到杜亞泉所倡導的科學技術對社會政治的基礎性作用的合理性，注重發揮科學教育的生產力價值，以科學教育爲抓手，助推國家興盛。具體說來，就是在科學技術是第一生產力思想的指導下，堅持教育爲本，把科技和教育擺在經濟、社會發展的重要位置，增強國家的科技實力和向現實生產力轉化的能力，尊重知識、尊重人才、尊重勞動、尊重創造，增強自我創新能力，提高全民族的科學文化素質，把經濟建設轉移到依靠科技進步和提高勞動者素質的軌道上來，加速實現國家的繁榮昌盛。

二、全方位提高國民的科學素養

　　科學教育的目的是培養提高國人的科學素養。據中國科學技術協會 2010年 11 月 25 日發布第八次中國公民科學素養調查報告：2010 年，我國具備基本科學素養的公民比例爲 3.27%，相當於日本、加拿大和歐盟等主要發達國家在 20 世紀 80 年代末的水平。〔註8〕在「建設創新型國家」的語境中，科學素養作爲一項基本公民素質的重要性不言而喻。在這個意義上，公民科學素養調查結果應該引發我們足夠的深思。

　　公民科學素養可以從三個方面衡量：科學知識、科學方法和科學精神。不可否認，隨著我國經濟的發展和科技的進步，越來越多的中國人對科學技術持積極態度。但是否就必然意味著科學素養的提高？這讓人想到過去的一

─────────────────────

〔註 8〕　中國科學技術協會：《第八次中國公民科學素養調查報告》，http://news.sohu.com，2011-02-23。

年裏，那些備受關注的話題：從「吃綠豆能治百病」的張悟本神話、道長李一的「蓋世神功」，到媒體炒作「地球遭遇千年極寒」、「世界末日將來臨」……面對其中一些明顯的科學謬誤，很多人不加質疑地相信、追捧、盲從，媒體不加選擇地跟進、擴大、炒作。〔註9〕

杜亞泉對科學知識、科學方法、科學精神的論述，意義深刻而富有見地。尤其是理性科學精神的培育，它既是杜亞泉科學教育思想和實踐的主體，也是其科學教育的核心和本質。這種精神在當今頗顯重要。一個具備科學素養的公民，不僅應該掌握足夠的科學知識、科學方法，更需要強調科學的思維、科學的精神，理性認識科技應用到社會中可能產生的影響，進而具備學習、理解、表達、參與和決策科學事務的能力。〔註10〕

另外，杜亞泉運用科學評析人生觀的方法，對於我們開展科學精神與人文精神相統一的教育具有借鑒價值。其《人生哲學》以自然科學的理論分析爲基礎，以引導國人「過科學的生活」爲旨歸，實現了科學精神和人文精神教育的統一。誠如龔育之所言：「我以爲，通俗地說，講世界觀、人生觀、價值觀，就講到了人文精神。人的意義，人生的追求、目的、理想、信念、道德、價值等等，這裡面的高尚的、善良的、健康的精神，就屬於我們要發揚的人文精神。」〔註11〕杜亞泉把科學教育方法拓展至人生觀領域，給我們的啓示是：從自然科學教育中去尋求人文精神的培養。

不容忽視的是，杜亞泉科學教育實踐所彰顯出的生生不息的創新精神，尤應引起我們的重視。「創新是一個民族的靈魂，是一個國家興亡發達的不竭動力」〔註12〕。我們需要體認杜亞泉的科學教育思想的精髓，結合現實需要，培養國民的科學創新精神。

三、推進「科學的中國化」，培養「科學的中國人」

杜亞泉認爲，要使科學在中國大地上眞正地生根、開花、結果，推進「科學的中國化」是重要一環。由此，它給我們的思考是：實施科教興國戰略，

〔註 9〕 陳星星：《我們需要怎樣的科學素養》，《人民日報》，2010 年 2 月 24 日，第 3 版。
〔註 10〕 陳星星：《我們需要怎樣的科學素養》，《人民日報》，2010 年 2 月 24 日，第 3 版。
〔註 11〕 龔育之：《論科學精神》，《人民日報》，2000 年 1 月 10 日，第 03 版。
〔註 12〕 江澤民：《論科學技術》，北京：中央文獻出版社，2001 年，第 192 頁。

我們不僅要積極吸納、學習、引進國外先進的科學技術，而且要結合我國實際，將其轉化爲能爲我國人民所用、所理解接受的東西，努力發展自己的科學技術，爭取在世界某些尖端學科領域擁有一席之地。儘管說科學無國界，但是倘若沒有自己的領先科技，在世界上我們就會失去話語權。一方面，我們需要使國外的科學「中國化」，同時還需要中國「科學化」，提高自身科學技術實力。對此，要使中國「科學化」，就必須培養出愛科學、學科學、用科學的「科學的中國人」。杜亞泉爲「科學的勞動家」孜孜以求，這一理想人格是科學知識技能與爲大眾服務的道德品質相結合的統一體。這就啓示我們：陶鑄「科學的中國人」，要注重德才兼備，即要在先進科學技術和俯身爲國奉獻的品德兩種素養的結合上下工夫，二者不可偏廢。

四、科學普及需要貼近民生，反映民意

作爲科學傳播者，杜亞泉十分注重科學普及工作。綜觀其科學普及實踐，從對象看，主要是面向學生和普通百姓。學生在校學習自然科學知識，能夠逐漸提高自己的科學素養。而普通百姓終日爲生計而奔忙，無時間和精神去學習科學知識，況且他們亟需科學知識來充實頭腦，以提高生活質量。爲此，他將科學普及重點放在了農村，爲農民講授生活小竅門等基本生活常識。其傳播手段主要是通過編辦雜誌和編纂自然科學書籍。這就啓示我們：爲了提高國人的科學素養，科學不僅要面向學生，而且要服務大眾，把通過科學宣傳以提高人民大眾的生活質量作爲科學普及的出發點和落腳點，貼近民生、反映民意，也就是服務民生；同時要倡導科學家充分發揮自己的專業特長，參與科普文章的撰寫和科普教材的編纂。不容忽視的是，當今某些雜誌有科學普及的專業優勢。爲此，我們應該認眞研究杜亞泉的期刊編輯思想，在專業性期刊和綜合性期刊中適當開辦科普園地（欄目），登載反映公眾需要的科普文章，與公眾互動，共同提高運用科學的能力。只有公眾的科學素養提高了，我們科技發展的土壤才能更加肥沃。